Read Classical Art

枕上诗书

一本书读懂唯美中国艺术

文安 —— 著

台海出版社

图书在版编目（CIP）数据

一本书读懂唯美中国艺术 / 文安著 . -- 北京：台海出版社，2022.10

（枕上诗书）

ISBN 978-7-5168-3367-4

Ⅰ . ①一⋯ Ⅱ . ①文⋯ Ⅲ . ①书画艺术 – 艺术评论 – 中国 Ⅳ . ① J212.052

中国版本图书馆 CIP 数据核字（2022）第 144611 号

枕上诗书·一本书读懂唯美中国艺术

著　　者：文　安

出 版 人：蔡　旭　　　　　　　　封面设计：末末美书
责任编辑：曹任云

出版发行：台海出版社
地　　址：北京市东城区景山东街 20 号　邮政编码：100009
电　　话：010-64041652（发行，邮购）
传　　真：010-84045799（总编室）
网　　址：www.taimeng.org.cn/thcbs/default.htm
E - mail：thcbs@126.com

经　　销：全国各地新华书店
印　　刷：三河市金泰源印务有限公司
本书如有破损、缺页、装订错误，请与本社联系调换

开　　本：880 毫米 ×1230 毫米　1/32
字　　数：211 千字　　　　　　　印　张：9.5
版　　次：2022 年 10 月第 1 版　　印　次：2023 年 1 月第 1 次印刷
书　　号：ISBN 978-7-5168-3367-4

定　　价：59.80 元

版权所有　　翻印必究

自 序

五千年的光阴如河川奔涌，携着历史，带着风华，一往无前，不肯回首。淘洗出那些惊心动魄的美，成为令今人仰止的艺术。中国艺术，是中国人心上的朱砂，也是半纱遮面的美人，阳春白雪，可望而不可即。

中国艺术是什么？读书时我修读了古代书画鉴赏课程，在一幅幅泛黄的字画中寻找答案。从远古刻在崖石上的纹路，到陶器青铜上的图案，到宫庙墓室的壁画，到简牍丝帛上的翰墨，直到纸上的逸兴神飞……中国艺术如一个女子，从懵懂到成熟，从简拙到曼妙，从青涩到丰腴，在时光的雕琢中日渐瑰丽绽放。

中国艺术有着极致的技法之美。一支柔软的笔毫，在纸上点、染、皴、描，变幻出千万种姿态。有万壑松风的壮阔，有簪花仕女的旖旎，有青绿黄赭的多彩，也有水墨飘逸的淡雅。

中国艺术有着极致的意趣之美。丹青在方寸间叩问自然，叩问生命。浓墨淡彩绘出诗意，黑白极简描出禅味，半掩留白渗透哲理。欲说还休，最难将息。

中国艺术更有着极致的灵魂之美。纸墨浸润的，是一个个或喜或悲的故事，是一段段坎坷跌宕的人生，是一个个不折不屈的灵魂。有忠臣良将的慷慨赴死，有贤能志士的讽言直谏，有文人墨客的落寞黯然，有仕女丽人的哀怨叹惋，有国仇家恨的崩溃疯癫，有儿女情长的离思销魂，有少年得志的意气风发，有老者淡泊的智慧通达……酣畅淋漓，笔抒胸臆。那是中国人独有的生命悲欢，亦是中国人独有的精神气质。

所以，当我徜徉在卢浮宫欣赏西方艺术时，尚能理性点评。当我伫立在国家博物馆中，即使隔着厚厚的玻璃，也唯有泪如雨下。

中国艺术是人生百味，是中国人才懂的浪漫与哀愁，美好与悲伤。

那么跟随本书展开画卷吧！穿越千年，触摸那些鲜活的灵魂，轻问一声：您好。

《瑞鹤图》——那是祥瑞，那是悲伤	161
《千里江山图》——只此青绿，天子与少年	177
《清明上河图》——一幅画的逆袭	189
《鸥波亭图》——你侬我侬，韶光终不负深情	209
《富春山居图》——宿命里的坎坷和传奇	227
《王蜀宫妓图》——命运借他轻狂，偿以悲凉	243
《孤禽图》——天才在左，白眼在右	257
《竹石图》——一枝一叶，都有骨子里的清香	273
参考文献	289

目录

《平复帖》——鹤唳华亭,回不去的旧时光 … 001

《兰亭集序》——夹缝人生,成就纸上风骨 … 017

《奉对帖》——老来多健忘,唯不忘相思 … 033

《洛神赋图》——曾许痴心与流珠,终被辜负 … 049

《步辇图》——那场盛大的求婚,与爱情无关 … 067

《虢国夫人游春图》——大唐后宫不能说的秘密 … 081

《祭侄文稿》——满门忠烈,血荐轩辕 … 095

《张好好诗》——晚唐梦华录,她比烟花易冷 … 111

《韩熙载夜宴图》——潜伏在盛宴中的间谍与反间谍 … 127

《寒食帖》——从此后,他一边脚踩荆棘,一边放声唱歌 … 145

有一种美,叫中国。
读懂中国艺术的浪漫与哀愁,
才能读懂中国人的美。

《平复帖》

——鹤唳华亭,回不去的旧时光

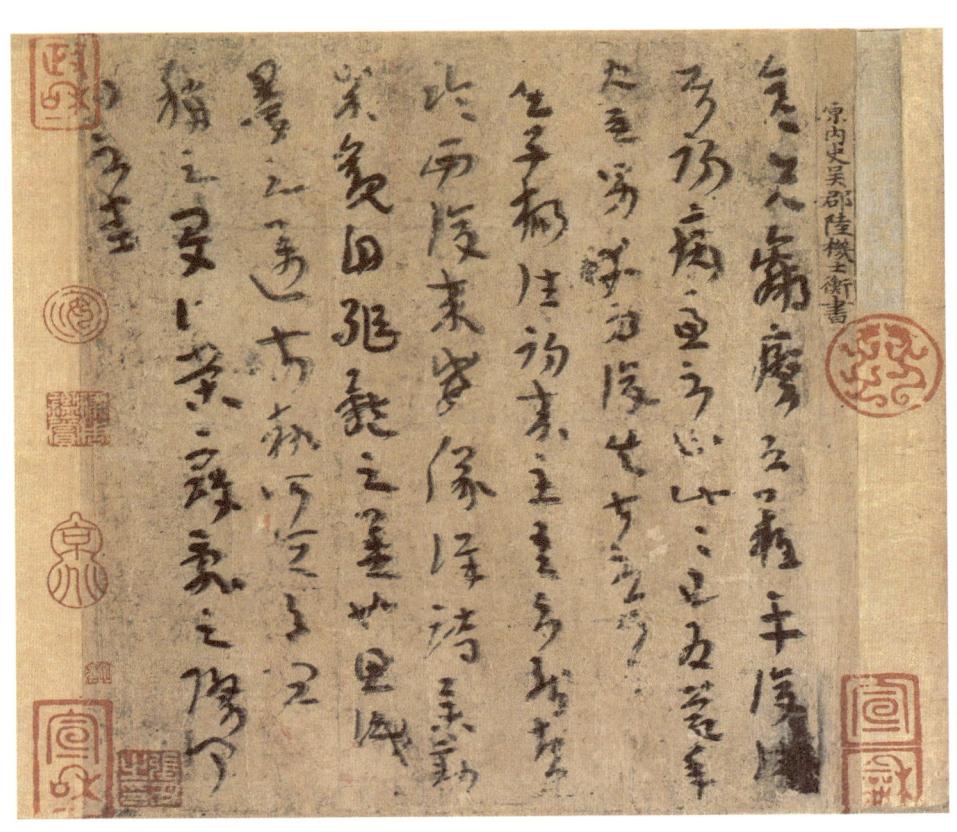

[文物档案]

帖名：《平复帖》　　　　　种类：章草
作者：陆机　　　　　　　　创作年代：西晋
材质：纸本　　　　　　　　规格：纵23.7厘米，横20.6厘米
字数：86字　　　　　　　　现收藏地：北京故宫博物院

【释文】

彦先羸瘵，恐难平复，往属初病，虑不止此，此已为庆。承使唯男，幸为复失前忧耳。吴子杨往初来主，吾不能尽。临西复来，威仪详跱。举动成观，自躯体之美也。思识□（缺省字）量之迈前，势所恒有，宜□称之。夏伯荣寇乱之际，闻问不悉。（释文据启功《〈平复帖〉说并释文》）

1941年6月，上海发生了一起大案，"民国四公子"之一张伯驹被绑架了。绑架者是汪伪特工总部的"76号"特务组织，他们联系了张伯驹的夫人潘素，要价300万元伪币作为赎金。这么多钱，潘素根本拿不出来。此时有人找上门，愿意帮她支付这300万元，代价是张伯驹收藏的一幅古代书法作品《平复帖》。潘素于是明白，《平复帖》才是这次绑架的真正目的。

《平复帖》原属清代没落皇室溥儒（溥心畬）所有。后来溥儒母丧急需用钱，打算将《平复帖》出售。日本人出高价30万元求购，但溥儒不愿国宝流落在外，最终以4万元的价格卖给了张伯驹。于是日本人借助汪伪特工的势力，用绑架的方式强取豪夺。几番托人，潘素见到了张伯驹。已经被折磨得虚弱不堪的张伯驹表示，宁可死在魔窟，也决不能出卖《平复帖》。因为它实在极不普通。

《平复帖》是西晋文学家、书法家陆机写给朋友的一封信，是我国有据可考、现存最早写在纸上的名人书法真迹，被称为"法帖之祖""中华第一帖"。

书画界用"纸寿千年，绢保八百"来形容保存时间，这里的纸是指材质上乘、经久不脆的宣纸，而《平复帖》使用的是远早于宣纸的麻纸，即东汉蔡伦改进发明的"蔡侯纸"，历经一千七百余年的风雨沧桑，至今仍能完好无损地保存，是为"墨皇"，弥足珍贵。即便比它写就还要晚近八十年的《兰亭集序》，也早已真迹无存，只余摹本。

从殷商时期刻写在龟甲兽骨上的甲骨文（图1），到铸造在青铜器内的金文（图2），到刻在石鼓石壁上的大篆（籀文①）（图3），到秦统一文字后创制的小篆（图4），文字一路演化，从象形图画抽象成线条符号，书法也逐渐有了用笔、结字、章法的追求。从秦汉开始，书法经历了隶书、章草、楷书、今草、行书的演变发展，到东汉末年，字体基本齐备，隶书、章草已经成熟，楷书、今草和行书也已萌芽。而书写工具的变化，从早期的甲骨，到长期使用的简牍、缣帛，直到纸的出现，给书法注入了灵魂。书写彻底摆脱了简牍的速度滞涩，也摆脱了缣帛的稀少昂贵，笔锋开始追求飞扬灵动、酣畅淋漓的美学表现。

《平复帖》是从章草演变到今草的典型之作，通篇有着与后世书法完全不同的古拙质朴之气。它的点画奇古高绝，线条圆转遒劲，笔法保留了章草中锋特行的篆籀之意。点画形态各异，健劲有力；横画短促，俯仰变化又有篆隶的绞转之法；竖画相对较长，且带弧度，圆润坚挺；大量侧锋的运用使得字迹活泼生动，空灵自由，极具美感。

---

① 籀文：zhòu wén，书体名。相传为周宣王时史籀所作，笔画较小篆繁复。

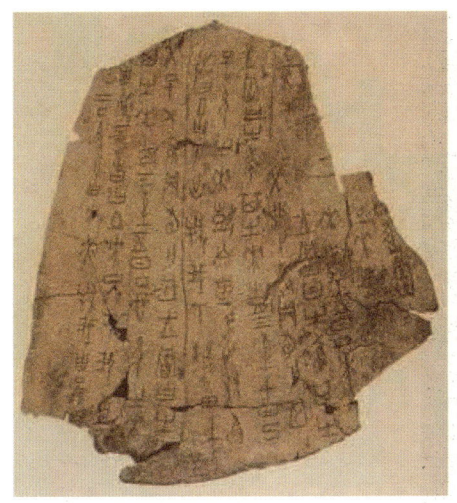

图1 甲骨文

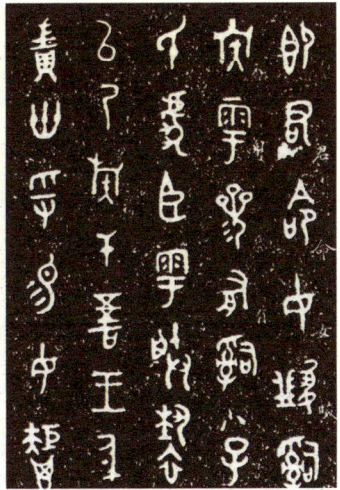

图2 金文
《毛公鼎铭文》拓片（部分）

图3 大篆
《石鼓文》拓片（部分）

图4 小篆
《会稽刻石》拓片（部分）

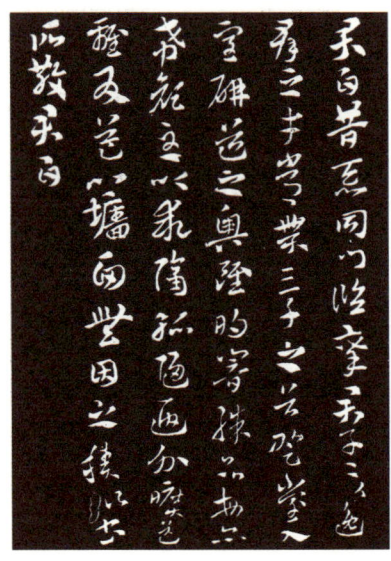
图5 西晋·索靖章草《月仪帖》

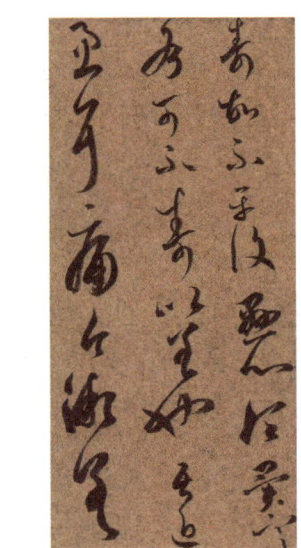
图6 东晋·王羲之今草《平安帖》

《平复帖》的结体②瘦长，迂回盘绕，不拘泥于书体形式。章草（图5）是将隶书解散草化，仍有隶书的字势取横、字中波磔（zhé）的特点。而《平复帖》打破章草的上述特点，没有章草撇捺的波挑，向下收笔，字势纵引，险峻奇崛。同时与今草（图6）的连绵不同，帖中的每个字都是独立的，凝聚收括，内敛蓄势。此外，通过字构件的错落组合，字字极尽姿态，或大或小，或左倾或右侧，或上窄或下阔，斜而能稳，字内留白，具有和谐的美感。

《平复帖》的章法没有明显的疏密变化，紧密浑厚却气韵相连，上下呼应，笔断意连，一气呵成，节奏畅达。全篇用秃笔写在

---

② 结体：书法用语，指字的间架结构。

粗粝的麻纸上,只蘸取墨汁四次,用墨枯涩,多用飞白[③],使得笔锋若隐若现,圆润古朴,磅礴大气,既有视觉的淡雅苍劲,也有古老而神秘的气息。

《平复帖》起初并无名字,因年代久远、书体古老而难以辨认,后宋徽宗辨识出其中"恐难平复"四个字,自此便将它叫作《平复帖》。《平复帖》问世一千多年间,仅被辨认出十四个字,直到20世纪60年代,才由书法家启功先生对通篇进行了释读。通过内容考证,证实这封信是陆机写给友人贺循的。

贺循,字彦先,体弱多病。陆机去信主要是问候他,顺便提及两人共同认识的吴子杨器宇轩昂,与以前大有不同,而夏伯荣因为寇乱阻隔没有消息。

那个古老的夜晚,当陆机在灯烛下铺开纸墨给朋友信笔话家常时,他不会想到,他所挂怀的缠绵病榻的贺循其实还有很长的生命,甚至活到了东晋,而他自己的人生却已进入倒计时。

陆机,字士衡,东吴永安四年(261年)出生于吴郡横山(今江苏昆山)的名门世家陆氏。祖父陆逊是东吴名将,官拜丞相,封华亭侯,曾在夷陵之战中火烧蜀汉七百里连营,导致刘备大败而归,病死白帝城。父亲陆抗官至大司马,曾率三万吴军大破西晋八万强兵,被称为"东吴最后一道长城"。从伯父陆凯也位居丞相。陆氏一门在东吴一朝就有二相、五侯、将军十余人,极为繁盛。

江花胜火,江水如蓝,东吴在江南绽放着最后的华美,而衰

---

③ 飞白:书法用语,指书法创作时笔画中间夹杂着丝丝点点的白痕,给人以飞动的感觉。

败哀伤的气息早已从内里弥散。陆机在这烈火烹油、鲜花着锦的烂漫里渐渐成长。吴郡陆氏的家风以儒为主,文武兼修。陆机秉承庭训,崇尚儒学,文章冠世,才情纵横,而他又继承了将门男儿的豪情不屈,刚烈耿直,清狂狷介。十四岁的时候,父亲陆抗逝世,陆机和兄弟们分领了父亲的部曲,担任牙门将。

陆氏的府邸高轩盈道,丹楹刻桷,身高七尺、容貌俊美的清贵公子陆机永远是府中最亮眼的一位。他声如洪钟,谈吐激昂,文采飞扬,与府中满座嘉朋、往来鸿儒饮酒作赋,书写墨香,在江南烟雨里恣意开怀,勾勒着深沉夜幕前的晚晴和最后的绮丽。

晋太康元年(280年),东吴灭亡,西晋一统天下。陆机的两位兄长陆晏、陆景在抵抗西晋时战死,二十岁的陆机和弟弟陆云被俘,流放至安徽寿县。第二年,晋武帝怜惜陆机兄弟的才学,将他们释放归乡。

陆机和陆云回到了华亭(今上海松江),那里是祖父陆逊的出生地,也是他的封侯之地,尚有祖屋旧宅。祖屋四周茂林清泉,远眺有天目山的连绵,门前的池沼中有一群白鹤,时而振翅翱翔,时而引吭鸣叫。陆机和陆云在那里度过了闲云野鹤般悠游自在的时光,他们在东北坡修筑了一个读书台,每日闭门勤学,研修典籍。陆机总结了东吴兴亡的原因,追述祖父、父亲的功业,写下名篇《辨亡论》。

陆机无法释怀,昔日的吴郡陆氏是簪缨世家,将相辈出。如今门庭冷落,人才凋零,而自己一身文韬武略,却毫无施展的机会。儒家修身齐家治国平天下的入世理念是刻在他骨子里的烙印,成就功名、匡扶家业是他背负的巨大压力和责任。此时恰逢晋武帝为了笼络南方士族,广泛征召江东名士入朝为官。陆机决定入仕,重振陆氏门庭。

太康十年(289年),陆机和弟弟陆云、同乡顾荣一起北上京师洛阳。从温润的江南奔向燥寒的北方,从根基深厚的故乡去到陌生的他乡,陆机心中充满了对未来的担忧和对故土的不舍。他在途中写下《赴洛道中作二首》,其中"悲情触物感,沉思郁缠绵。伫立望故乡,顾影凄自怜",也是成语"顾影自怜"的来由。

陆机等初到洛阳,投奔太常张华。张华是洛阳文坛举足轻重的人物,早闻吴中"二陆"兄弟的名声,跟他们一见如故,张华高兴地叹道:"伐吴一战,得到了两位俊才。"在张华的竭力引荐下,陆机、陆云很快名声大振,有"二陆进洛,三张④减价"之说。

陆机的文章独步京师,诗赋论颂各种文体无人可比。他的文章极具形式之美,辞藻宏达,音律谐美,讲求对偶,善于用典,开创了骈文的先河。他将辞赋的句式用于诗歌,铺陈排比,极尽华美。这种诗风统领了当时的文坛,并引得一众文人跟风相随,形成了西晋文学的代表"太康诗风",陆机也被誉为"太康之英"。他写的《文赋》是史上第一篇文学创作理论著作。在梁太子萧统编写的《昭明文选》里,陆机的作品有五十九篇,而才高八斗的曹植仅有三十七篇入选。唐太宗李世民赞他"百代文宗,一人而已"。

来到洛阳的第二年,他被太傅杨骏征召为祭酒,后迁任太子洗马、著作郎。以陆机的才名和声望,如果遇到清明盛世,应当在仕途上有番作为。可惜在陆机入洛之时,晋武帝已经病重昏聩,并

---

④ 三张:指文学家张载及其弟张协、张亢。

于次年逝去。即位的晋惠帝司马衷是说出"何不食肉糜"的白痴皇帝，政权落在了心狠貌丑的皇后贾南风及其外戚党羽手中。这也为后面的"八王之乱"埋下了祸根。

政局黑暗，各权贵集团明争暗斗，贪赃枉法，贿赂成风。没有明主，陆机只能依附权贵，寻找机遇。他结交贾南风的外甥贾谧，浸入洛阳核心的文学团体，与容颜绝美、给后世留下成语"貌若潘安"的潘岳，因写下《三都赋》导致洛阳纸贵的左思，成语"闻鸡起舞"的主角名将刘琨，以及用珊瑚斗富的石崇等二十四人，并称为"金谷二十四友"。"金谷二十四友"表面上是才情横溢的士子文人，实质却是攀附于贾谧的政治投机客。他们在西晋政权尚未冉冉升起便已西山薄暮的晚霭雾气中貌合神离，试探猜疑，摸索着各自崎岖而坎坷的路。

在石崇奢靡的金谷园中，他们为征西大将军王翊送行，游宴饮酒，吟诗作赋。宴后把所赋诗篇录为一集，名为《金谷集》，石崇亲作《金谷诗序》。这是历史上第一次文人雅集。后来东晋的王羲之模仿金谷雅集，有了传奇的兰亭雅集，也有了天下第一行书《兰亭集序》。

陆机虽为"金谷二十四友"中的一员，却始终与众人格格不入，无法融入仕宦达官的核心圈层。北方的高门士族以中原正统自居，又是三分归晋的最终胜利者，觉得陆机、陆云等南方士子是"亡国之余"，低人一等，对他们倨傲不恭，歧视白眼。而陆机出身江东名门，骨子里清贵高傲，同样看不上北方仕群的小人得志、蝇营狗苟，尤其是石崇和潘岳对着贾谧"望尘而拜"的谄媚。而且当时北方士族流行老庄学说，清谈玄理，虚妄空泛，而他传承的是儒家"立事立功"的勤勉实干，与他们志道不同。

一次，陆机去拜会驸马王济，王济指着桌上的羊奶酪，不无讥讽地问他："你们吴越有什么比得上吗？"陆机随口应道："千里湖的莼菜羹，不需要加腌豆豉，就足抵得过了。"王济哑然。

而"金谷二十四友"之首潘岳对陆机敌意更深，其中既有同为"太康文学"骨干，"陆才如海，潘才如江"的文人相轻，也有旧日的过节。潘岳的岳父杨肇曾与陆机的父亲陆抗交战，杨肇大败，被贬为庶人，从此一蹶不振。如今陆机成了吴国遗臣，潘岳便极尽侮辱之能。有一次陆机与一群人坐着聊天，潘岳进来，恰巧陆机离开。潘岳马上讽刺道："清风至，尘飞扬。"陆机反唇相讥："众鸟集，凤凰翔。"

潘岳不仅攻击陆机，更把矛头指向了吴郡陆氏，指向孙吴政权。潘岳在《为贾谧作赠陆机诗十一章》中写道："南吴伊何，僭号称王。大晋统天，仁风遐扬。伪孙衔璧，奉土归疆。"直指晋是正统，而孙吴是"僭号""伪孙"，政权不合法。这对于与东吴共命运的陆机无疑是直刺心窝。

陆机不甘示弱，针锋相对，和诗写道："乃眷三哲，俾乂斯民。启土虽难，改物承天。""爰兹有魏，即宫天邑。吴实龙飞，刘亦岳立。""三哲"指代三国，陆机将三国并立对待，以驳斥潘岳的晋为正统之说。

王济和潘岳对陆机的讽刺针对还算含蓄，更有甚者当面侮辱陆机。出身北方豪族范阳卢氏的尚书郎卢志当着众人面问陆机："陆逊、陆抗，是你什么人？"在古代，直呼别人祖父、父亲的名字是极大的冒犯。陆机以彼之道还之彼身："就像你和卢毓、卢珽的关系。"卢志默然。出来之后，陆云对兄长说道："也许他们是真的不知道。"陆机正色说道："祖父、父亲声名四海远播，怎么可能不知道？这些鬼子也敢这么说！"

陆机的刚烈由此可见一斑。他勇猛而刚直地维护着陆氏，维护着孙吴，却不知他和卢志的仇怨就此结下。得罪了卑鄙阴暗小人，会有惨重的代价。

北方的风又起了，阶前的黄叶掉落，在地上随着尘土翻飞，陆机长叹一声，拂去身上的灰尘，为好友顾荣写诗道："京洛多风尘，素衣化为缁。"京师洛阳的尘土太多，白衣服都变黑了。可黑的又何止是衣服？京都几载，陆机受尽了北方豪族的嘲讽冷眼，仍然没有建功立业的机会，但他还不忘见缝插针地举荐江东故友。贺循、戴渊、郭讷……都受他的举荐而重获官职。他的人品处世也被人称道，成为江东士人的核心。

元康九年（299年），贾南风让晋惠帝下诏废除太子，将太子囚禁在洛阳郊外金墉城中，由此开始了长达七年的八王之乱⑤。永康元年（300年）太子被杀，赵王司马伦发动政变，诛杀了贾谧、贾南风等人，昔日依傍贾谧的潘岳、石崇、欧阳建都被杀害。而陆机因为与他们疏远躲过一劫。陆机积极参与诛讨贾谧的事务，被司马伦赐爵关中侯，又被任命为中书郎。

第二年正月，司马伦废晋惠帝，篡位为帝，引起朝野声讨。于是三王起义，齐王司马冏联合河间王司马颙、成都王司马颖起兵讨伐司马伦。司马伦一党被消灭，陆机被司马冏怀疑参与了晋惠帝禅

---

⑤ 八王之乱共两个阶段，这里指第二阶段。

位的诏书草拟，而被收捕廷尉治罪。

命悬一线之际，成都王司马颖怜惜陆机的才学，出手相救。此时中原的动乱令很多江南士子惊醒，皇权旁落，野心勃勃的诸王没有正义贤德之人，他们纷纷逃离。陆机的好友贺循借口生病回到会稽，从此病便时好时坏，时真时假，避而不出。有"江东步兵"之称的张翰借口想念家乡的莼菜鲈鱼，辞官回到吴地。与陆机交好的顾荣、戴渊等都劝他过江回去，陆机拒绝了。根深蒂固的入世治世、匡正世难的儒家思想，令他不愿逃避后退。故乡虽好，然若是没有功业，实无颜回乡。

时值司马颖声望正盛，有收拾动乱残局、重振晋室中兴的势头，陆机又感念司马颖的救命之恩，便投奔而去。司马颖如获至宝，任命陆机为大将军府参谋军事，并举荐他为平原内史，后人也因此称他"陆平原"。在陆机的影响推举下，又陆续有南方才士加入司马颖的阵营，形成以陆机为首的江南集团。陆机的仕途终于开始启航。

可是在陆机看似风光的背后，处处暗流涌动。司马颖虽封成都王，但他长驻邺城（今河北邯郸临漳县西），他的政治势力主要是河北集团。与陆机结怨的卢志、宦官孟玖和"金谷二十四友"中的王粹、牵秀都在这一集团中任要职。这些人只想坐守河北一隅，不愿冒险与其他诸王争斗。而司马颖重用江南集团，就是希望依托陆机等人夺下全国政权。因此，南北士族的矛盾日益累积，一触即发。

太安二年（303年），司马颖与河间王司马颙起兵讨伐把持朝政的长沙王司马乂，命陆机为后将军、河北大都督，领北中郎将王粹、冠军将军牵秀等共二十多万军队进攻洛阳。陆机是将门之后，父亲、祖父都是能决定朝代更迭的战神，司马颖对陆机抱以极大的期望。

这是陆机期待已久的建立功勋的机会，可他心中满是不安与纠结。不同于祖父和父亲手下勠力同心、同生共死的将士，他的队伍都是河北军，他们不愿出战，更不服气被他这个江南人统帅。这样的队伍到了战场上会不堪一击。陆机忧心忡忡，然而他已没有选择。

陆机刚刚率军出发，与他素有仇怨的卢志便向司马颖进言，歪曲陆机与司马颖的对话内容，诬陷陆机自比管仲、乐毅，把司马颖比作燕惠王之流的昏君。司马颖沉默不语，心里已生芥蒂。陆机听闻，心中更加忧虑。

宦官孟玖的弟弟孟超也在陆机军中，是率领一万人的小都督，还未交战，便放纵部下掳掠，失去民心。陆机抓了几个主犯准备处置，却被孟超带了百余人的骑兵抢走，孟超嘲讽陆机："貉奴也能作都督吗？"貉奴是当时北人对南人的蔑称。部将劝陆机杀了孟超立威。可是前无司马颖的信任，后怕军中哗变，陆机没有听从。这不是软弱，而是一个毫无根基的南方将领身处北方阵营中的无奈。之后孟超更加猖狂，四处放风并写信给孟玖称陆机有谋反之心。

与司马乂交战时，孟超不听陆机调令，孤军冒进，最后全军覆没，孟超也命丧黄泉。鹿苑之战大败，士兵的尸体堆满了七里涧，溪水为之断流。孟玖怀疑是陆机杀了孟超，向司马颖进谗言，称陆机延误战机，有谋反之心。司马颖尚在犹豫，孟玖又联合牵秀等将领做伪证。司马颖大怒，让牵秀秘密逮捕陆机。众口铄金，积毁销骨，南方的孤士难敌北地的群狼，司马颖的重用终究成了催命符，陆机作为南方士人的代表，被北方势力进行了政治清洗。

漆黑的夜里，四周都是魑魅魍魉在游移哭号，陆机驾车前行，车子却被黑色的车帷缠住，怎么用力都撕扯不开，直到筋疲力尽、灰心绝望……陆机醒来，才发现只是梦一场。这个怪异的梦让陆机有丝不祥的预感。果然，天刚亮，牵秀已经带着人马前来拘捕他。

陆机脱下戎装，换上宽大的衣袍，戴上白帢（qià）[6]，神态自若，安心赴死。孟子说："天下有道，以道殉身；天下无道，以身殉道。"陆机尽力了。

临刑前，陆机望着头顶的晴空，叹道："华亭的鹤鸣声，再也听不到了。"这便是典故"华亭鹤唳"的由来。他再也回不去华亭时闲云野鹤、平静安详的旧日时光，也正如吴郡陆氏再也回不去车水马龙、繁华鼎盛的旧日时光。

可如果重新选择，他照样会走上这条不归路。陆机死后，突然大雾弥漫，狂风大作，将树枝都吹断，积雪一尺厚，连上天都在为他的冤屈悲鸣。

陆机留下的《平复帖》被贺循收藏，上面的字力度强劲，锋棱突出，字如其人。贺循死后，《平复帖》被后世珍藏并有序流传。曾被宋徽宗收藏入《宣和书谱》，有瘦金体题签及钤印。明代，被韩世能父子收藏，大书画家董其昌在帖后留下题跋："右军[7]以前，元常[8]以后，唯此数行，为希代宝。"清代经梁清标、安岐等人之

---

[6] 白帢：亦作"白帽"。白色便帽。
[7] 右军：指王羲之。
[8] 元常：指钟繇。

手,后作为雍正孝圣宪皇后(乾隆生母)的嫁妆归入乾隆内府,后被赐予成亲王永瑆。光绪年间为恭亲王奕䜣所有,后由其孙溥儒继承并出售给张伯驹。

张伯驹被绑架八个多月仍不肯交出《平复帖》。经多方周旋,绑匪无奈,最终收了40万元的赎金释放张伯驹。之后,张伯驹携全家前往西安。途中,他将《平复帖》缝入被中,以性命保护。1956年,他将《平复帖》无偿捐献给了北京故宫博物院,成为九大"镇国之宝"之一。

总有些人,不论世道如何,一直拼命坚持他们的理念,哪怕以身殉道。如陆机,如张伯驹,如千百年来一腔孤勇的人。

《兰亭集序》

——夹缝人生,成就纸上风骨

【 文物档案 】

帖名：《兰亭集序》　　　　　种类：行书

作者：王羲之　　　　　　　　创作年代：东晋

字数：324字

永和九年岁在癸丑暮春之初会于会稽山阴之兰亭修禊事也群贤毕至少长咸集此地有崇山峻岭茂林修竹又有清流激湍映带左右引以为流觞曲水列坐其次虽无丝竹管弦之盛一觞一咏亦足以畅叙幽情是日也天朗气清惠风和畅仰观宇宙之大俯察品类之盛所以游目骋怀足以极视听之娱信可乐也夫人之相与俯仰一世或取诸怀抱悟言一室之内

备注：原作已佚，现存历代诸多摹本中，以唐代冯承素用双钩填墨法而成的最为接近原迹。因卷首有唐中宗李显神龙年号小印，故称"神龙本"。"神龙本"为纸本，纵24.5厘米，横69.9厘米，现存北京故宫博物院。

【释文】

　　永和九年，岁在癸丑，暮春之初，会于会稽山阴之兰亭，修禊事也。群贤毕至，少长咸集。此地有崇山峻岭，茂林修竹；又有清流激湍，映带左右，引以为流觞曲水，列坐其次。虽无丝竹管弦之盛，一觞一咏，亦足以畅叙幽情。是日也，天朗气清，惠风和畅，仰观宇宙之大，俯察品类之盛，所以游目骋怀，足以极视听之娱，信可乐也。夫人之相与，俯仰一世，或取诸怀抱，悟言一室之内；或因寄所托，放浪形骸之外。虽趣舍万殊，静躁不同，当其欣于所遇，暂得于己，怏（同"快"）然自足，不知老之将至。及其所之既倦，情随事迁，感慨系之矣。向之所欣，俯仰之间，以为陈迹，犹不能不以之兴怀。况修短随化，终期于尽。古人云："死生亦大矣。"岂不痛哉！每览昔人兴感之由，若合一契，未尝不临文嗟悼，不能喻之于怀。固知一死生为虚诞，齐彭殇为妄作。后之视今，亦犹今之视昔。悲夫！故列叙时人，录其所述，虽世殊事异，所以兴怀，其致一也。后之览者，亦将有感于斯文。

　　东晋穆帝永和九年（353年）三月初三上巳节，江南正是暮春时分，草长莺飞，桃红柳绿。时任会稽（今浙江绍兴）内史的王羲之，邀请名士谢安、谢万、孙统、孙绰和本家子侄王凝之、王献之等四十一人在会稽山阴的兰亭雅集，举行传统的"祓禊"①习俗。大家列坐在溪流两侧，开始曲水流觞的游戏。将盛了酒的觞从上游漂

---

① 祓禊：fú xì，中国汉族民俗，每年春季上巳日在水边举行祭礼，洗濯去垢，消除不祥。

下,酒杯在谁的面前打转或停下,谁便要饮酒赋诗。

清俊的世家贵族们穿着宽袍大袖的衣衫,脚踏木屐,望着眼前云雾缭绕的崇山峻岭、茂林修竹,欣赏着身边清流激湍的淙淙溪水、暖风微吟。他们短暂地忘却了山外的战乱斗争,将身心释放于林泉诗酒之中。一觞一咏之间,四十一个人作了三十七首诗,结成诗集,并请王羲之作序。酒兴正酣的王羲之提笔一气贯之,在蚕茧纸上写下了《兰亭集序》。

第二天酒醒,王羲之看着纸上涂抹修改的痕迹,想再工整地誊抄一遍,却几稿都不复神韵,只得作罢。这幅涂涂抹抹的草稿,以冠绝千古的书法技艺和饱含哲理的优美辞章被后人称为"天下第一行书",成为书法界的神作。

魏晋时期,字体发展到真(楷)、行、草齐备,笔画变得丰富,结字便易,有了极大的发挥创造空间,文字也渐渐从记录的功能演变出了艺术的功能。于是书法成为上层社会的雅好,涌现出了大批书法家。王羲之则是其中承前启后、巍然卓立的书法革新家。他构筑了书写的顶层设计,以全能的技法、典雅中和的气韵被誉为"书圣",成为千百年来书法界无可辩驳的第一人,也是后世所有书法家绕不开的高山。

《兰亭集序》集中体现了王羲之书法艺术的最高成就。王羲之开发出毛笔"方"的特性,如刷子一般,使得字的线条如飘带般,有了坡度、笔锋和动感。《兰亭集序》运笔以圆转

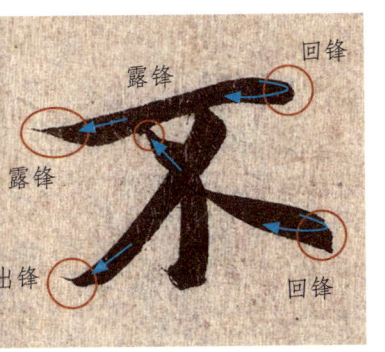

图1 《兰亭集序》中的字笔锋变换自如

为主，方圆并举，藏锋、露锋并用，笔锋变换自如，极为精到。如"不"字的露锋、回锋流畅切换（图1），"永"字的八法齐备，"夫"字的八面出锋。此外，单字内部或字与字之间以牵丝映带相连，缠绵婉转。笔画线条"肥不剩肉，瘦不露骨"，清丽风流，又穿插跳跃，颇具动感，形成"遒媚劲健"的艺术效果。正如后来梁武帝的评价："王羲之书字势雄逸，如龙跳天门，虎卧凤阙。"

《兰亭集序》的结体诡谲多变，同一字形绝不重复，全文二十一个"之"字，个个不同。王羲之通过疏密变化、结构位移、正攲（qī）开合等变化方式（图2），打破线条的平衡，再通过字体结构重塑平衡美感，设计巧妙，生动多姿。而且多处善用"留白"（图3）之美，创造黑色墨迹中的白色空间，少了黑色的压迫

上密下疏

左正右攲

位移错落

斜中取正

图2 《兰亭集序》中字的结体

图3 《兰亭集序》中的单字留白

感，多了舒朗和稳健。

全文章法自然天成，行笔不激不厉，挥洒自如，收放有度，自始至终流露着一种从容不迫、潇洒自然的气度，有着魏晋士大夫风神蕴藉、优雅飘逸的风骨。

与书法技艺相得益彰的，是内容的字字珠玑，含义隽永。第一部分记叙了兰亭雅集的盛况，"群贤毕至，少长咸集"，"信可乐也"。此处王羲之情绪平静闲适，行楷的字体整齐流畅。

随后笔锋一转，感慨快乐欢欣会因时光的流逝而倦怠，更会因死亡的到来而终止。这一段由山水自然之乐、悟言寄托之乐转向了生死之悲。"'死生亦大矣。'岂不痛哉！"王羲之将原写的"哀"字改为更加激烈的"痛"字，用墨浓酽，笔力更劲，彰显着他对生死之痛特别深刻的感触。

接下来王羲之表达了与当时流行的老庄之论不同的生死观和时空哲学，认为将生死等同、夭折长寿等同是虚妄之言，"一死生为虚诞，齐彭殇为妄作"，并将个体放入历史，情感可以隔空互通，"后之视今，亦犹今之视昔"。这部分是涂改最多的，也是思索最多的地方。他从横向的天地万物到纵向的历史长河，在思考中将儒家的入世和道家的玄空做了平衡，成就了《兰亭集序》的技法和精神的自由。

这份自由旷达对王羲之来说实属不易。回顾他的人生，如大浪过江一般经历太多战乱生死，他被时代和家族裹挟在夹缝中，如棋子般被点放，需要经过多少矛盾、伤痛、幻灭，才能挣脱束缚，破茧而出。

王羲之，字逸少，文学家陆机去世的那年，即西晋惠帝太安二年（303年），他出生于琅琊临沂的王氏家族，是"旧时王谢堂前燕，飞入寻常百姓家"中王谢世家的王家。那是个门阀士族比皇权还要强大的时代，彼时的琅琊王氏虽是名门望族，却还没有到达巅峰。而带领王氏走向辉煌的，本该是王羲之的父亲王旷。

西晋八王之乱后，匈奴、鲜卑等北方少数民族乘机南侵，朝廷不稳，民生凋敝。时任丹阳太守的王旷向琅琊王司马睿建议南迁以谋大计。永嘉元年（307年）九月，五岁的王羲之和族人一起，随司马睿第一批南渡过江到达建邺（后改名为建康，今南京）。而王旷因是司马睿的亲信，在司马氏的内斗中，两年后被朝廷派去孤军解救匈奴围攻的壶关。上党之战战事惨烈，部将战死，王旷不知所踪。

王旷的堂兄弟王敦、王导积极联系南方士族为司马睿造势，在西晋灭亡后，拥戴司马睿在江东地区建立了东晋。琅琊王氏从此成为世族首望。作为开国元勋的王导为丞相，王敦为大将军，一内一外，总揽政权兵权，甚至决定着朝堂的安危、皇室的兴替，时人称"王与马，共天下"。

失去了父亲的护佑，这份错位的鼎盛对王羲之来说也少了真实的意义。贵族高门也是缩微版的朝堂和江湖，有着远近身份的排位和亲疏炎凉的世态。他和母亲、兄长生活在秦淮河畔乌衣巷的王氏大宅，辛酸冷暖可想而知。幼年的王羲之身患癫痫，弱小无助，受尽冷眼，导致他性格讷涩，内向寡言，敏感倔强。没有温暖的养分，如何向阳而生？外向豪爽都成了奢侈的品格。

除了读书，书法成了他唯一的精神慰藉。只有黑与白的世界简单而纯粹，任他驰骋其中，释放着孤独而不羁的灵魂。幸好，那是个书画艺术蓬勃发展的时代,他得到了书画"江左第一"的叔叔王廙的指点,并跟随姨母卫夫人学习书法。

卫夫人名卫铄,是因身体羸弱被蜂拥观看的人群"看杀"的美男子卫玠的姑姑。她师从楷书宗师钟繇,写得一手独创的"簪花小楷"。她教导王羲之书写要领,更教授他笔画心法:"点"如高峰坠石,"横"如千里阵云,"竖"如万岁枯藤。

夏日的傍晚,天阴将雨,少年王羲之站在广阔的原野上,凝视着地平线上翻滚的云层缓缓向两边扩张,气势厚重威猛。他仿佛看到了毛笔上的水墨在纸上慢慢晕染铺开。那一刻,他感受到了"千里阵云"的冲击,感受到了书法的视觉力量。

王羲之苦练笔画的基本功,点的力量,横的宽广,竖的坚韧,形成了王羲之的书法底蕴,那是他后来书法形态技法千变万化的基石,也是他对生命的重量、广度和顽强的领悟。

时光匆匆,沉默寡言的王羲之仍然没有引起家族的注意和青睐。直到十三岁那年,他去拜谒名士周顗。周顗深感王羲之才学超群,十分赞赏。恰逢周顗家中宴请宾客,仆从端上一道名贵的菜肴烤牛心,周顗切下第一片,放到王羲之的碗里。这一举动震惊了满堂宾客,大家纷纷对这个年轻俊秀的少年刮目相看。一片牛心炙,是周顗对后辈的提携,是一个老人对被冷落孩子的眷顾,这份善良温柔了王羲之此后的岁月。

王羲之从此自信陡增,整个人如同脱胎换骨。他口才极佳,善于雄辩,性格也渐渐舒朗旷达,只是依旧耿直、倔强,被世人称为"骨鲠"。十九岁的时候,王羲之已经名声大振,成为"王门三少年"之一,受到叔伯王导、王敦的器重。当时入仕做官的途径由九品中正制下的门阀操控，以王家的势力，王羲之随时可以出仕。

然而遽变再起。永昌元年（322年）正月，王敦以"清君侧"的名义发动叛乱，攻入建康，把控朝政。闰十一月，元帝司马睿在惊惧中郁郁而终，太子司马绍继位为明帝。两年后王敦病重身死，叛乱被平定。这场皇权和门阀之间的残酷较量，让王羲之无法置身事外：王导与王敦划清界限，带着族中子弟到台城领罪，以保存家族；追随王敦的从叔父王含被溺死，亲叔叔王廙病死；曾给予他温暖的周顗被王敦杀死，而王导因误会周顗而没有阻止王敦，发出"我不杀伯仁，伯仁因我而死"的后悔喟叹；王敦死后被朝廷开棺戮尸……鲜血淋漓，触目惊心。

政治像一个吸卷生命的旋涡，令王羲之望而生畏。他对仕途产生了抗拒，对生命产生了迷茫。他也开始像当时流于清谈的名士般谈玄论道，淡泊名利，淡泊一切，甚至连婚姻大事也毫不挂怀。当太尉郗鉴派人去王导家的东厢房挑选女婿时，其他年轻人都仔细打扮，竭力表现，只有王羲之躺在东边的床上露出肚皮吃胡饼，不修边幅，淡定自若。结果反被郗鉴选中，将女儿郗璿嫁给了他，留下"坦腹东床"的典故。

典故背后，是王羲之对世情的怀疑、淡漠，也是郗鉴审时度势、综合多方的权衡。流民帅出身的郗鉴因平叛王敦之乱被明帝重用入朝，朝中根基尚浅，故而想与树大根深的王家联姻借势。叛臣王敦的后人自是不予考虑，王导的嫡系子孙又不可企及，出身王旷一支、才名远扬的王羲之便成了首选。

所谓的"东床快婿"，不过是王羲之作为王家的符号，在合适的时间，被放在合适的位置，均衡势力而已。好在郗家也是书法世家，郗璿被称为"女中笔仙"，与王羲之倒是天作之合。王羲之的落拓不羁，意外赢得了一生的琴瑟和鸣。

王敦之乱后，王氏家族出现颓势，而颍川庾氏在平叛后急速崛起。明帝皇后的哥哥庾亮成了君王倚重的臣子，在朝中与王导明争暗斗。王导迫切需要族中的优秀子侄出仕为官，他征召王羲之入朝，王羲之借口游历山川躲了出去。

王导情急之下写信催促其赶快回家，并说："虎㹠、虎犊，还斯其如！"虎㹠、虎犊是王羲之堂兄弟王彭之和王彪之的乳名，王导说他们像自己的名字一样"如猪，如牛"，不成大器，希望王羲之出来承担振兴家族的责任。

王导的书信令王羲之极为震动，从小被漠视的孩子心底都会有一簇希望被看到、被重视的火苗，何况这几年的玄谈并没有解决他的困惑。王羲之开始犹豫。当岳父郗鉴受王导委托，再次劝说王羲之出仕时，他同意了。在郗鉴的推荐下，二十三岁的王羲之出任秘书郎，掌管朝廷图书典籍。三年之后，以王府友职成为会稽王司马昱的伴读。

咸和九年（334年），王羲之突然收到了王导的对头庾亮的召请。庾亮此时出镇地方，统领六州军事，进为"征西将军"，拥有强大的地方军事权力，与重新掌握朝中大权的王导和郗鉴形成三足鼎立之势，关系微妙。他请王羲之到征西将军府中任参军的要职，王羲之明白，自己将再次充当棋子的角色。庾亮重用他，可以示好王家和郗家，且王羲之的性格中正耿直，留他在身边很安全，以王羲之的性格，也不会对王家或郗家言听计从。复杂的政治制衡令王羲之无法拒绝，只能远赴武昌。

庾亮对王羲之极尽赞赏，与他把酒言欢，探讨书法，还给他升了官职，却从不让他接触军机要务，更遑论决断处事。王羲之的政治才能被忽略了，他虽然压抑、不快，却也毫无办法。他夹在门阀斗争的缝隙里，小心谨慎，力求不偏不倚，生怕再次引起血雨腥风。

咸康五年（339年），王导、郗鉴相继去世。第二年，庾亮去世。但是王、庾两家的斗争还没有结束。庾亮统领下的江州是战略要地，庾亮担心自己死后会引起王家争夺，便在临终前推举王羲之做江州刺史，说他"清贵有鉴裁"，以平衡两家在江州的利益分配。

王羲之再次成为弥合矛盾的棋子。但是这次王家并不满足形式上的占据，庾亮死后不久，王羲之的堂兄王允之接任了江州刺史。王允之是王敦死后成长起来的将才，后来王、庾两家斗争白热化，庾亮的弟弟庾怿送了王允之一坛酒，王允之以狗试毒，狗被毒死。事情败露后庾怿为了不牵扯家族，饮毒酒自杀。第二年王允之也意外病逝。

你死我活的斗争让王羲之心生倦怠，他看不到为官的意义。琅琊王氏是他的树荫，也是他的茧房，他空有一腔经邦济世的才能，却只能在那些如丝的利益纠缠中履行棋子的使命。王羲之回到建康，心灰意冷。

江南的雨，丝丝润润，点洒在纸上，将墨汁晕开。王羲之突然意识到，之前被他忽略的竖，才是最有力量的笔画，它以纵向贯穿的柔韧主导了整幅字的气韵，人生不也如此吗？即便无法成就功业，能坚持自己的本心去活一世，不折不媚，也是快事。他开始与自己和解,读书写字,会友弹琴,并喜欢上了养鹅。他喜爱鹅的高洁,也从鹅游动拨掌的姿态汲取了不少书法运笔的灵感。

历经千帆后的开阔体现在书法上,便成了入世的遒劲稳健和出世的飘逸灵秀的完美结合。四十岁以后的王羲之,书法成就冠盖当时,又因不与门阀同流合污的品行,成为当时德高望重的书坛巨擘。

建元二年(344年),两岁的穆帝司马聃即位,拜会稽王司马昱为抚军大将军,司马昱成了实际的掌权人。他征召了颇有声望的殷浩入朝,并多次劝说王羲之入朝为官。王羲之答应了,被任命为护军将军。司马昱是他从小陪伴长大的,殷浩又是多年的至交,应当不至于让他再陷入夹缝中为难的境地,王羲之的心中重新燃起了期待。

可是等他入朝,他才知道司马昱和殷浩的蓝图很大,他们要北伐建立功勋,以压制朝堂快速崛起的安西将军桓温的势力。王羲之坚决反对,东晋连年叛乱、争斗,国力不足,北伐只会给百姓带来巨大的经济负担和灾难。更何况,王羲之太了解司马昱和殷浩了,他们的实力远远不足。可是殷浩并不听从。他也曾试图缓解殷浩和桓温的矛盾,不让门阀士族的争斗继续影响朝堂的稳定,殷浩仍然不予理睬。

王羲之终于意识到,没有了琅琊王氏、颍川庾氏、高平郗氏,还会有谯郡桓氏,朝堂的门阀争斗永远不会停止。他们不管国家民生,只为争权夺利。而他作为琅琊王氏的标杆和招牌,意义仍然是站队跟风,政治投机。这是"骨鲠"的王羲之不会做也不屑做的事。王羲之对仕途的期待幻灭了。

永和五年（349年），王羲之敬爱的姨母卫夫人去世。他痛苦万分，写下风格迥异于其他作品的《姨母帖》（图4）。生命短暂，何必再去浪费呢？王羲之坚决请辞，要求去镇守地方。司马昱只好将他改职为"会稽内使""右军将军"，这便是后人称他作"王右军"的由来。

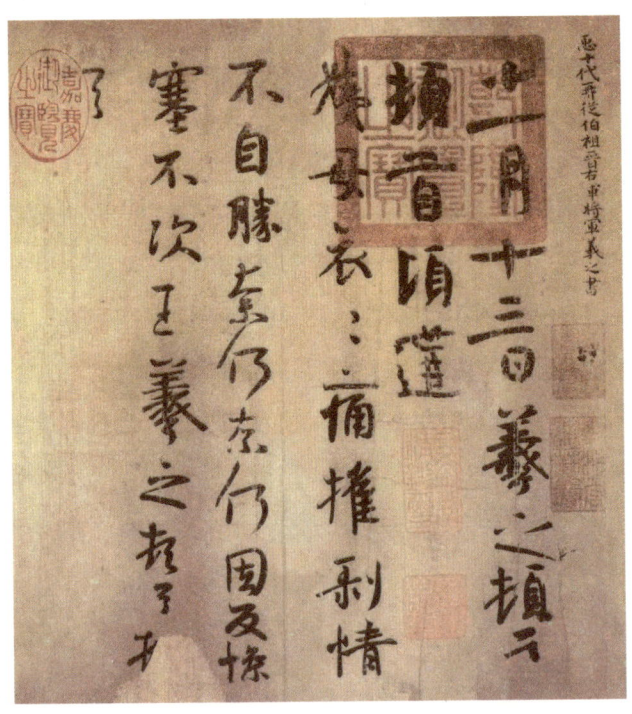

图4 东晋·王羲之《姨母帖》（唐摹本） 辽宁博物馆藏

永和七年（351年），王羲之带着妻子儿女，渡江来到了会稽郡。这里风景秀美，千岩竞秀，万壑争流，草木繁茂，也是鱼米之乡，还是朝廷的粮草军资储备之地。王羲之决定在这里踏踏实实做点事。清醒实干的他诛翦奸吏，力除政弊，开创会稽吏治的清流；他整顿地方治安，组织疏浚运河，保证漕运的安全畅通；他开仓赈灾，宣布"禁酒令"，节约粮食；他劝农示耕，奖励农商，发展经济……他把治世的才华，把汲取到的善良温柔，给了会稽的百姓。

对百姓仁爱的他，自然也会被百姓铭记。会稽的明山秀水到处流传着王右军的故事：他为穷苦老婆婆的竹扇题字，老婆婆积压的扇子一售而空；他为了喜爱的鹅给道士抄写了一天的《道德经》，以经换鹅；他写的字，笔力深厚，入木三分……人们尊敬他，爱戴他，因仰慕前来拜会他的名士摩肩接踵，有陈郡谢氏的谢安、谢万，右司马孙绰，郗家的郗昙，庾家的庾友、庾蕴，桓温之子桓伟，还有名僧支遁等。

当他以道家虚空的态度对待功名，以儒家仁爱的态度对待生活时，便实现了超然的平衡。于是，便有了《兰亭集序》的千古旷达，潇洒和谐。

就在写完《兰亭集序》的那年冬天，殷浩率七万大军大举北伐，果然兵败而归。桓温趁机弹劾，殷浩被废为庶人，告老还乡，整天在家对着空中书写"咄咄怪事"四字。司马昱被桓温架空，朝堂再次改换了面目。

第二年，出身太原王氏的王述做了扬州刺史，成了王羲之的上级。王述当年做宛陵县令时收受贿赂，后被查出罪状一千三百条，面对王导的劝阻说出"满足了自会罢休"之语。他生性急躁，曾经用筷子刺鸡蛋，刺不中便把鸡蛋扔到地上又踩又踏，毫无风度。王羲之素来鄙视王述，王述母亲去世后，他几次声称吊唁却又没去，令王述记恨。王述上任后，挟私报复，频频检查会稽刑政，竭尽苛求。王羲之怎能受得了这样的羞辱？

永和十一年（355年）三月初九，五十三岁的王羲之带着儿孙来到父母墓前，读着他书写的《告誓文》，发誓再不做官。之后王羲之做出惊世骇俗之举，他辞去官职，寄情山水，只留给世人一个飘然的背影。

那个世道，终究容不下他的清高。

可是正如《兰亭集序》所言，古今可以相通，后人可以感知。**他的力量、他的旷达、他的柔韧，都化入了他的书法中，让一千六百多年后的我们，仍能透过字迹，看到他如何将人生的痛苦和幻灭淬炼，成就笔下的飘逸风骨。**

《奉对帖》

——老来多健忘,唯不忘相思

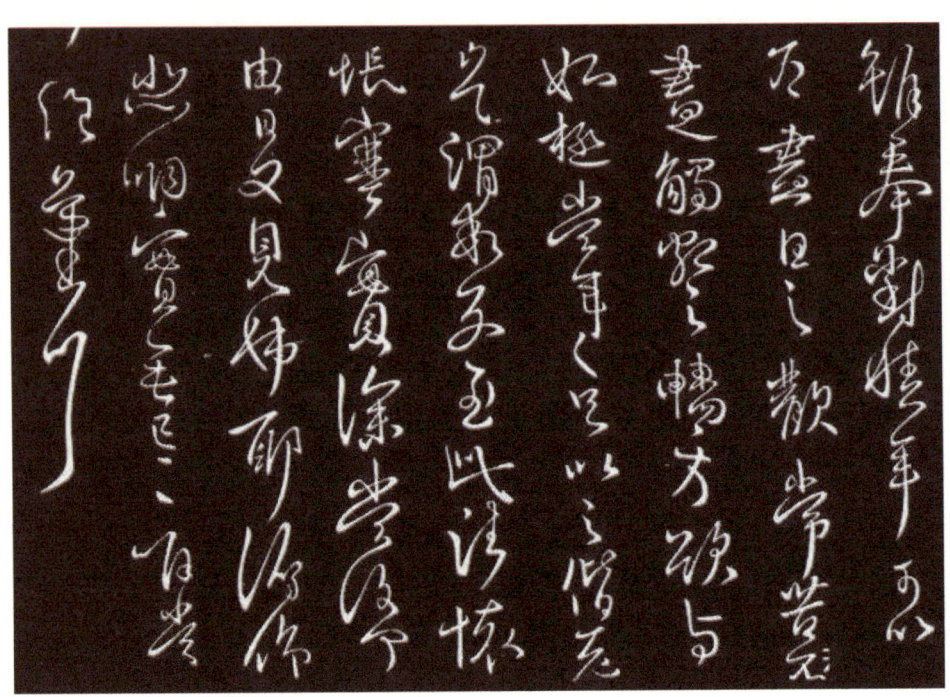

[文物档案]

帖名：《奉对帖》 种类：行草

作者：王献之 创作年代：东晋

备注：收入宋《淳化阁帖》，真迹已佚

【释文】

虽奉对积年，可以为尽日之欢。常苦不尽触额之畅，方欲与姊极当年之匹，以之偕老，岂谓乖别至此！诸怀怅塞实深，当复何由日夕见姊耶？俯仰悲咽，实无已已，惟当绝气耳。

这是一个悲伤的故事。如果爱情有颜色，王献之的爱情便是一条色带，从温柔的红粉，到致命的黑暗。

东晋宁康元年（373年）的冬夜，幽深寂静，寒风裹着霰雪的颗粒，敲打着屋檐窗棂，也敲打着尘世中所有的凉薄。秦淮河畔乌衣巷的王氏大宅里，王献之斜坐在榻上，听着雪落下的声音，满眼忧伤。他与妻子郗道茂已离婚数月，不知道她近日怎样，这样寒冷的天气，可有厚实的衣物？万般惦念中，他提笔写下了一封信，大意是：虽然已相对多年，但快乐时光如白驹过隙太为短暂。那种额头相碰的幸福，总希望能更多一些。原想与姐姐比翼齐飞、白头偕老，怎么知道竟要分别，实在是深深的惆怅。什么时候才能再见到姐姐？思念蚀骨，哀痛难耐，无计消除，只有等我气绝魂归的那天，才能止住这份思念的痛苦吧。

这封信后来被收录到了《淳化阁帖》的第九卷中，因首行有"奉对积年"的字样，故得名《奉对帖》。《淳化阁帖》是热爱书法的宋太宗赵光义命令内府制作的，一部汇集了先秦到隋唐一千多年间各家书法墨迹的法帖，被誉为"法帖之祖"。所谓法帖，就是传统法式，将古代著名书法家的墨迹经双钩描摹后，刻在石板或木板上，再拓印装订成帖，供后人临摹学习。《淳化阁帖》共十卷，其中九、十卷都是王献之的书法作品，可见王献之在书法界的地位。

王献之的父亲是"书圣"王羲之，父子二人并称"二王"，王献之又被称为"小圣"。这是书法史上父子皆负有盛名的书法家中，实力最不相伯仲的。在东晋后的南朝齐、梁之间，王献之的书法最受推崇，名声甚至大过王羲之。到了唐代，因唐太宗偏爱王羲之书法，王羲之的光彩又渐渐盖过王献之。

王献之在幼时学的是父亲的书法，后来学习"草书之祖"张芝的笔法，并有了独创性的突破。王羲之精通真（楷）、草、隶、篆各体并融会贯通，而王献之虽不如父亲诸体皆精，却独辟蹊径，在草书方面远远超过父亲。草书在当时还是新兴不久的书体，他脱去了王羲之草书中的"隶意"，即古朴质厚的意味，更加婉转超逸。一般父子的书体基本处于同一时代，而他较父亲将草书推进了数代。他创草破正，打破楷书、草书的界限，在行书的基础上，独创行草书体，书法史称之为"破体"。字体流便简易，可草可行，随意而书，飘逸不羁。

王献之的字体秀丽媚趣，他的学生羊欣评价其书法"骨势不及父，而媚趣过之"，即王献之的字体不如他父亲遒劲、风骨，但妍媚秀逸超过了他父亲，更加缠绵秀丽。此外，王献之的书法审美主张抒情艺术，他创造了"一笔书"，草书相邻两字上下相连，一笔连贯数字，一气呵成完成了一件书法作品。这幅作品是一个整体，每个字都是其中不可分割的一部分，气韵一贯到底，是后代狂草浪漫主义书风的先锋。

《奉对帖》具有王献之书法的典型特点。行草字体，用笔外拓，圆转秀润。结体松散，骨力柔弱。而全文一笔书写，似断似连，欲断还连，字与字之间牵丝映带相连，更显缠绵。

它的独特之处、价值所在，是它没有那么和谐完整。前面整齐，后面狂放，整体风格并非一以贯之。王献之在写这封信时，情绪哀伤痛苦，便难免流露于笔端。前边的字体柔媚娟秀，情绪尚能控制，但是在"以之偕老"之后，明显开始失控，宣泄之情喷薄而出，字迹也狂放游走起来。尤其最后"绝气耳"三字，字字啼血，"耳"字拖尾极长，几乎不能辨识，似乎能看到他耗尽最后一丝力气写罢后气殆痛苦的样子。（图1）

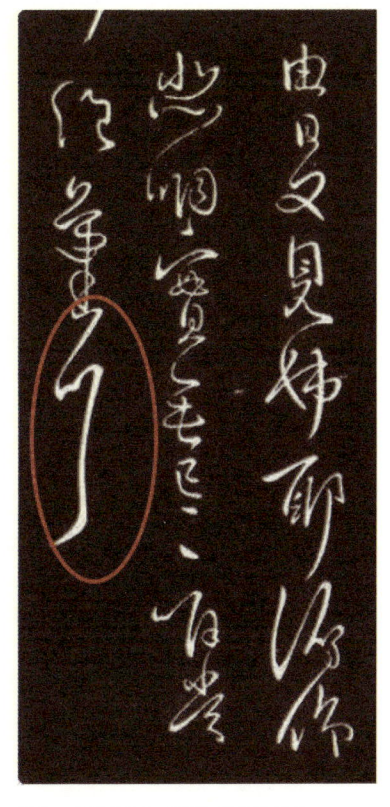

图1 《奉对帖》"耳"字拖尾极长

《奉对帖》把抒情的特性发挥到了极致。任情为书，笔随意动，让观者随着字体气韵而沉浸在伤痛中无法自拔。这样的感染力是一般书法作品难以企及的。

《奉对帖》寄到郗道茂手中后，随着她的离世，几经辗转，原信已不知所踪。只留下背后凄婉的故事，令人扼腕叹息。

王献之，字子敬，小名官奴，是王羲之的第七个儿子，东晋建元二年（344年），出生于乌衣巷的王氏大宅中。彼时正是王羲之卸任江州刺史后赋闲在家的时光，对于这个小儿子，王羲之多了几分老来得子的宠爱，也多了闲余的时间教导。

王献之自幼聪颖好学，却不喜谈笑，寡言持重。七八岁的时候，王羲之开始教他书法。一次，王羲之看到王献之正在练习写字，便悄悄走到他背后，出其不意地去夺他的笔，却没能夺下。小小的孩童将手中的笔抓得紧紧的。王羲之大喜，感叹："此儿后当复有大名！"一语料中。王献之跟着两位哥哥王徽之、王操之去拜谒名士谢安，一番交谈寒暄离开后，其他人问谢安王氏兄弟孰优孰劣，谢安盛赞最小的王献之："小者佳。"

永和七年（351年），王羲之任会稽内史，八岁的王献之随父赴任，来到了山明水秀的会稽郡。两年后，他跟随王羲之参加了那场古今瞩目的"兰亭雅集"，他是年龄最小的参与者，虽无诗作，却深受影响。

在会稽，王献之与大他一岁的表姐郗道茂相识。郗道茂是名臣郗鉴的二儿子、王献之的舅舅郗昙的女儿。她温婉聪慧，心思灵动，与王献之的稳重寡言恰好相反。两个对彼此好奇的孩子正是"郎骑竹马来，绕床弄青梅"的年纪，他们一起吃住玩闹，读书游戏。成人世界的烦恼还很遥远，他们在门阀望族的庇护下，如彩云包揽，霞光披身，流连在江南庭院琉璃幻彩的红粉绮梦中。

时光在烟雨青石里催红了樱桃，染绿了芭蕉，总角孩童转眼长成了落落少年。永和十二年（356年），十三岁的王献之出仕做官为州主簿，第二年入京建康，为秘书郎，做了与父亲当年同样的官职，却更加游刃有余。

王献之成为王羲之七个儿子中最出色的那个，兰亭余韵将风雅镌入他的骨中。他的书法已声名在外，坊间流传着他练字用了十八缸水的励志故事，他在寺庙墙壁上用扫帚蘸墨随意题写的字，被住持拓印珍藏，观者如云。他的品性依然寡言少语，淡然飘逸，他和哥哥王徽之同处一室，家中着火，王徽之跑得鞋都掉了，而他缓缓由仆人搀扶出来，风度不改。他的容貌优雅俊美，清瘦白皙，喜欢穿宽袍大袖的衣服，风吹来衣袂飘飘，仿佛画里走来的神仙。史书说他"风流蕴藉，乃一时之冠"。

这样清贵的世家公子，自然引得众多高门大户求取婚配，但王献之心有所属。早在会稽时，他已明白了世间的温柔美好所在。高平郗氏也是名门望族，而王献之的母亲郗璿正是郗道茂的姑母。亲上加亲，青梅竹马，门当户对，没有比这更完美的姻缘了。王羲之亲自书写《与郗家论婚书》，赞美郗道茂"淑质直亮，确懿纯美"，恳请郗家同意"使子敬为门闾之宾"，结成秦晋之好。

升平四年（360年），十七岁的王献之与十八岁的郗道茂成婚。"桃之夭夭，灼灼其华"，他们祈愿白首偕老，一生相随。

一年之后，他们的女儿玉润出生了，王羲之对其极为疼爱。在她生病的时候，王羲之写了《官奴帖》（又名《玉润帖》）提及她的病情，并且反省孙女生病皆是因为自己的过错，焦急、自责之情溢于笔端。然而，就在《官奴帖》写完没多久，孩子还是夭折了。而郗道茂的父亲郗昙与王羲之也相继离世。

接二连三的打击让王献之、郗道茂看到了生命的脆弱、命运的无常，他们更加珍惜彼此，相互扶持，相互慰藉，在悲痛中逐渐蜕变成长，成为夫妻间最好的模样。

按规制，王献之要为父亲守丧三年，不得外出做官。他在会稽的云门山购置了一处宅院,一边守制,一边过着半隐居的读书生活。那里青山环抱,翠谷幽静,门前正对着若耶溪。他们如世外桃源的神仙眷侣,烹茶弹琴,读书写字,云门山至今仍留有王献之的洗砚池。他们也时常在莲花盛开的若耶溪泛舟,荷风送来香气,他们像孩提时那样额头相碰,相视一笑。那片清清溪上的荷粉,是王献之一生中最温柔的旖旎。

三年服丧期满,兴宁三年(365年),王献之回到朝中复职,与郗道茂住回乌衣巷的王氏大宅。受父亲王羲之的影响,王献之对官场功名十分淡泊。每日写字、会友之余,便是与郗道茂伉俪情深,携手相游。

他们的琴瑟和鸣为人称道,却引人垂涎,其中就包括新安公主司马道福。司马道福是简文帝司马昱的第三个女儿,初封余姚公主。她的生母是以贤德闻名、备受宠爱的徐贵人,故而司马道福从小深得父皇喜爱,养成了骄纵跋扈的性格。她早已对如芝兰玉树般的王献之一见倾心,只是当时使君有妇,罗敷有夫,她已嫁给了谯郡桓氏大司马桓温的次子桓济,纵然神女有情,也只能暗暗放在心底。

咸安三年(373年),桓温病重,知道几个儿子不堪重任,便将兵权交给了弟弟桓冲。桓温的儿子桓济和桓熙不服,意图谋杀桓冲夺权。事情败露后,桓熙、桓济兄弟被流放到了长沙。司马道福与桓济和离,之后,她对王献之重新起了争夺之意。斯人若彩虹,遇上方知有。她对王献之仰慕许多年,而彼时的高平郗氏,随着郗鉴、郗昙等人的去世,已没落失势,因此司马道福肆无忌惮。

于是，朝廷一道诏令，命王献之尚①新安公主。

犹如晴天霹雳，王献之和郗道茂措手不及。东晋以至南朝的宋，很多世家子弟并不愿尚公主，因为公主往往依仗皇家权势，对驸马颐指气使，倨傲不恭。王献之的从祖父王敦杀人不眨眼，甚至胆敢起兵叛乱，可即使是他，在妻子——晋武帝的女儿襄城公主面前也不敢大声喘气。而桓温尚的晋明帝的女儿南康公主司马兴男，更是极其专制。在那个纳妾成风的年代，桓温纳妾李氏，却不敢带回家，只能偷偷养在外面。后来司马兴南知道了，提刀奔向李氏的住处，不过当她看到姿容绝美的李氏后，扔下刀说道："我见汝亦怜，况老匹夫乎。"这也是成语"我见犹怜"的来历。

王献之淡泊仕宦，又与郗道茂情深意笃，决不愿意离婚尚公主，多次拒绝。然而郗家衰败，呈现颓势的王氏自然愿意王献之尚公主为宗族借势。王献之无力抗衡，只能破釜沉舟。他用艾草烧伤自己的双脚拒婚，称"跛足，不堪匹配公主"。他原以为公主不过是爱上他的皮相，他自毁"美玉"，公主必会厌弃。

然而司马道福决不罢手，她直言："就是瘸了，我也嫁定了。"事到如今，还有几分是爱情的执着已不知晓，也许更多的是金枝玉叶的自尊和皇室的脸面。前半生要风得风、要雨得雨的司马道福怎能输给一个落魄的世家之女？她完全不懂，强扭的婚姻是她的生命无法承受之重。

君命难违，一封和离书结束了王献之和郗道茂十几年的婚姻。郗道茂的父亲郗昙早已去世，无家可归的她只能去投奔会稽的伯父

---

① 尚：娶公主谓之尚。

图2　明·唐寅《王献之休郗道茂续娶新安公主图》
美国沃尔特斯艺术博物馆藏

郗愔。

烟雨凄迷的秋晨，王献之拖着受伤的脚，一瘸一拐为郗道茂送行。两人挥泪作别，无语凝噎。他从秦淮河畔送到城门，又送到郊外，送了一程又一程，不愿分离。明代书画家唐寅根据这段故事绘制了画作《王献之休郗道茂续娶新安公主图》（图2），画中传达了王献之夫妻郁郁悲凉的情怀。怎么会不悲凉呢？从亲密的额头相碰，到如后世人所言"欲寄彩笺兼尺素，山长水阔知何处"，当初许诺的白首偕老，还是落了空。

司马道福终于如愿嫁给了王献之。没有任何资料记载他们的婚后生活，留下的只有王献之不断写给郗道茂的信。《奉对帖》《姊性缠绵帖》（图3）《思恋帖》，一封封不绝如缕。对郗道茂的挂怀，成了王献之灰暗的日子里唯一的信仰和光。

在《姊性缠绵帖》中，他写道：

> 姊性缠绵，触事殊当不可。献之方当长愁耳。

图3 东晋·王献之《姊性缠绵帖》收入《淳化阁帖》

大意是，姐姐的性格多愁善感、敏感多思，遇到事情不可这样。献之为此也很发愁。

王献之明白郗道茂的处境，在那个年代，虽为和离，也与被休的弃妇差别无二，周围一定有诸多闲言碎语、嘲讽冷眼。她又在伯父家寄人篱下，只怕婢女仆从，都不惮释放自己的恶意。七百多年后与她处境相似的唐婉，用一首《钗头凤》诉尽了被丈夫陆游休弃回家后的凄惶：

世情薄，人情恶，雨送黄昏花易落。晓风干，泪痕残。欲笺心事，独语斜阑。难，难，难！

人成各，今非昨，病魂常似秋千索。角声寒，夜阑珊。怕人寻问，咽泪装欢。瞒，瞒，瞒！

王献之在《姊性缠绵帖》中开解着郗道茂，劝她凡事不要郁结于心，最终只会伤害自己。

而在另一幅《思恋帖》（图4）中，他更加狂热地

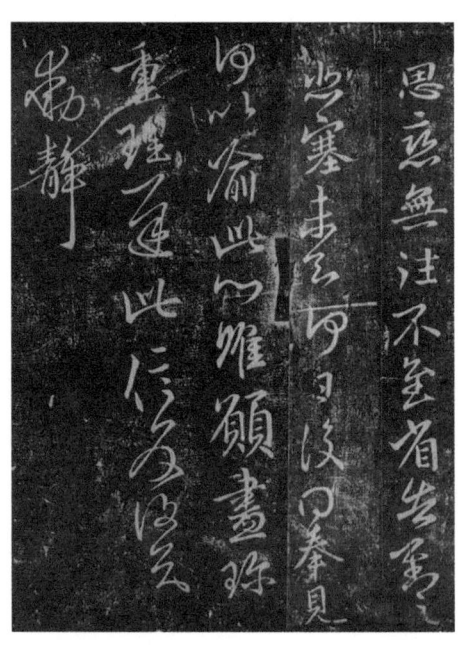

图4 东晋·王献之《思恋帖》
收入《淳化阁帖》

表白着自己的情感：

> 思恋，无往不至。省告，对之悲塞！未知何日复得奉见。何以喻此心！惟愿尽珍重理。迟此信反，复知动静。

大意是：思恋无时无刻不在弥漫，反省令悲哀充塞，不知何日才能相见，怎样才能让你明白我的心。唯愿你能多保重，无论早晚，好歹回复一封信，让我知道你的近况。这封信更加没有任何含蓄，情感直白，如爆发的火山一样炽烈，他的后悔，他的爱恋，都在每个字里发烫到融化。也许郗道茂已很久没有给他回信了，他的盼复带着几许哀求。

《奉对帖》比这两封更加痛彻心扉，感怀至深。王献之用最深情的笔触追忆了过往，也用最缠绵的笔法诉说自己的懊悔和相思，成为流传至今的宝帖。

这些书信郗道茂应当视为珍宝，看完也不舍得丢弃，妥为收藏，否则不会在后世得以流传。那是她在风刀霜剑严相逼的生活中，仅有的支撑和温暖。可她无法向王献之回信倾诉，一则无用，徒增情感牵绊；二则若藕断丝连惹恼了公主，后果也不堪设想。这场巨大的变故，给她造成的伤害比王献之更深，但她也更清醒。她早已明白，从离开乌衣巷的那天起，她就没有了生机，只是在熬日子。没过几年，郗道茂郁郁而终。

郗道茂的离世，令王献之的世界变成了黑色，再无快乐，只剩病痛。如今留下的《肾气丸帖》《消息帖》及《江州帖》等诸多法帖中，记载着王献之腰痛腿软、头痛、胛痛等病症。就连他唯一流传下来的笔墨真迹《鸭头丸帖》（也有说为唐摹本），也是因为鸭头丸治疗水肿效果不好导致他极其苦闷而写的。

王献之的脚，在"炙脚抗婚"后留下了终身的后遗症，反复发作，行动不便。他经常在书信中提起足疾，这是他终生难以愈合的伤，也是他心头的伤痕。它如一道鸿沟，横亘在他与司马道福的婚姻中，永难逾越，提醒着他逝去的美好，逝去的表姐郗道茂。

对于司马道福而言，这样的婚姻终究不是她想要的那么温柔多情。她想要他的温柔，却不知他并不是对谁都温柔。她张牙舞爪地掠夺，早已摧毁了温柔的可能。

十年过去，光阴冲淡了爱恨情仇。太元九年（384年），王献之与司马道福有了一个女儿，得名王神爱，后来嫁给了寒暑饥饱都不能辨的白痴皇帝司马德宗，那是另一个悲剧的开始。之后史书再无司马道福的记载。史学家根据她的谥号"愍"——含义是忧患痛心——推测她死于难产。她得偿所愿，为所爱之人生了孩子，用性命圆满了这场蚀骨纠缠。只是不知道她临终时，是否觉得冰冷的婚姻值得？

司马道福去世后，王献之纳了一名叫桃叶的女子为妾室。传说她长得很像郗道茂。她的娘家在秦淮河对岸，每次回去，王献之都会送她到渡口。那个渡口被后来的文人骚客称为"桃叶渡"，至今仍是秦淮古渡。桃叶害怕水流湍急，王献之便作诗安慰：

桃叶映红花，无风自婀娜。春花映何限，感郎独采我。
桃叶复桃叶，桃树连桃根。相怜两乐事，独使我殷勤。
桃叶复桃叶，渡江不用楫。但渡无所苦，我自迎接汝。

桃叶复桃叶,渡江不待橹。风波了无常,没命江南渡。

目送她的船渐行渐远,他仿佛看到了当年郗道茂离去的凄凉身影。桃叶像郗道茂,但终究不是郗道茂。王献之的世界依然灰暗。

太元十一年(386年),病痛交织的王献之进入了弥留之际。按照道家的风俗,家人请来道士上表文祷告,让他忏悔自己所犯的过错。他想了许久,缓缓说出:**"不觉有余事,惟忆与郗家离婚。"老来多健忘,唯不忘相思**。在他人生的最后,牵挂的只有他唯一的爱人。带着对郗道茂的思念与内疚,他合上了双眼,年仅四十三岁。

三个人的爱情太拥挤。爱情固然美好,遗憾的是总有先来后到。一纸婚书的承诺不容亵渎,更不容巧取豪夺。当爱而不得,体面地退出,成就对方,也许是对爱情最好的诠释。

《洛神赋图》

——曾许痴心与流珠,终被辜负

【文物档案】

图名：《洛神赋图》　　　　**作者：**顾恺之
创作年代：东晋　　　　　　**规格：**纵27.1厘米，横572.8厘米
材质：绢本
备注：原作已佚。

现存九版摹本，收藏情况为：辽宁省博物馆一本，北京故宫博物院三本，台北故宫博物院两本，美国弗利尔美术馆两本，大英博物馆一本。图为保存较好、最接近原貌的北京故宫博物院甲本。

　　翻开中国绘画史的长卷，《洛神赋图》应是第一个耀眼夺目的存在。它是中国十大传世名画之首，是最早描绘人类情感的画卷，被奉为"绘画始祖"。它讲述了一场旷古奇绝的人神之恋：人是三国才子曹植；神是上古伏羲之女，溺亡洛水后成为洛神，又名"宓妃"。他们相遇相爱，却被迫分离。岁月的风烟在一千六百多年的时光指缝间穿梭，淡化了墨色，浓酽了斑驳，甚至迷离了原画的踪迹，唯有那亘古缠绵的主题，仍在翠珠熏炉的烟雾中，幽幽发出令人伤心的叹息。

　　《洛神赋图》诞生于人物画蓬勃发展的东晋。中国的绘画起源于何时何地，已在久远的历史星河里不可追溯。早在史前的石器时代，就有了带着宗教或巫术目的的绘画萌芽（图1，图2）。夏商

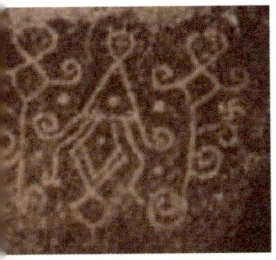

图1 旧石器时代 阴山岩画

图2 新石器时代 人面鱼纹彩陶盆
中国国家博物馆藏

图3 商代 虎食人卣
法国赛努奇博物馆藏

图4 战国 帛画《人物龙凤图》
湖南省博物馆藏

图5 东汉 墓室壁画《车马出行图》 河北省安平县逯家庄壁画墓出土

周及秦汉时期，绘画渐渐从陶器、青铜器等器物的纹饰发展为绘制在墙壁、布帛、漆器上的图案，如战国及汉代墓葬中的帛画、壁画等，绘画从史前的实用时期进入带有教化功能的礼教时期（图3，图4，图5）。

而至魏晋，绘画进入了新的发展阶段，成为独立的艺术门类，逐渐系统化、理论化。人物画（含释道画）最先臻于成熟，远早于山水、花鸟等其他各科，并开始重视线条的技法、人物的神韵。除了为政教服务外，绘画具备了观赏阅览、陶冶情操的功能。绘画者不再仅为地位低等的画工，也有士人的参与。《洛神赋图》的作者顾恺之是中国第一位有作品流传的士人画家，被人称为"三绝"，画绝、才绝、痴绝，与曹不兴、陆探微、张僧繇并称为"六朝四大家"。他提出的"迁想妙得""以形写神"的绘画理论，奠定了后世绘画的基础，也为《洛神赋图》注入了吟哦千古的灵魂。

《洛神赋图》改编自曹植的文章《洛神赋》，完整地还原了赋文中的场景故事。它开创了中国古代绘画长卷的先河，首创分段的方式打破时空界限，如电影般形成连续的情节。五代时期的画家顾闳中借鉴于此，创作了《韩熙载夜宴图》。

图6 曹植邂逅洛神

《洛神赋图》画面大致可分为五个段落,每个段落又呈现多个场景。

第一段:邂逅。一个锦绣芬芳的春日,曹植及随从自京城洛阳返回封地,行到洛水边人困马乏,便在林间草畔休憩徜徉。忽然空中出现一美人,她双鬟发髻,衣带飘逸,手持仙女特有的麈尾扇,从水波上翩然而至。曹植被美人惊艳,伸手挡住了前行的侍从,以免惊扰仙姿。(图6)

画面对眼神的刻画精妙至极。《洛神赋》原文中显示只有曹植看得见洛神,而随从看不到。故而画中除了曹植目光灼灼,其他人都眼神呆滞,仿若无视。顾恺之运用了现代电影分镜头的方式,将一个洛神分成了三个不同形态的具象(图7中标注的①、②、③),多角度地传达出她的美,成为绘画史上的一个创举。此外,《洛神赋》中描写洛神之美,像"翩若惊鸿,婉若游龙。荣曜秋菊,华茂

图7 洛神的三种形态

春松"最为经典传神,但如何用绘画表现却很困难。顾恺之直接画了鸿雁、龙以及松树、秋菊,变抽象为具体,将洛神轻盈婉转的体态风姿用通感的方式表达无遗。

第二段:定情。诸神随洛神飘然而至,有湘水二神娥皇、女英,也有汉水神女,她们与洛神携手翔于山川之间,暗示曹植与洛神一见倾心,两心相许。曹植端坐自持,眼神却无法掩抑渴慕之情,他与洛神互诉衷情,时空宛如虚无。(图8)

原文写曹植解下玉佩赠予洛神做信物,洛神举着琼玉应和,指着潜渊盟誓。曹植却在此刻犹豫了,他想起了春秋时期的郑交甫在汉水邂逅神女,神女解下身上的玉佩相赠,却只是戏弄他的,让他空欢喜一场。画面中陷入爱情的曹植目光迷离,患得患失,唯恐真心被辜负。

第三段及第四段:情变、分离。人神殊途,终到别离时刻。风神屏翳收敛了晚风,水神川后停止了波涛,冯夷击响了神鼓,女娲发出清泠的歌声。飞腾的文鱼驾着洛神的车乘飞驰而走,曹植看着爱人远去,目光痴缠哀伤。车上的洛神频频回首看着曹植,恋恋不舍。(图9)

画面随后进入高潮。蚀骨铭心的爱情令曹植再也无法保持矜持,他和侍从乘船逆流追随洛神。波涛呼啸怒号,也无法阻挡他奔赴爱情的脚步。然而天命难违,曹植只追到了洛神送他的定情信物麈尾扇。(图10)

第五段:怅归。曹植在洛水畔整夜静坐,怀念伊人的美好,任月色霜华披满身。日出东方,他继续着回去的行程,却手持麈尾扇,回头凝视着洛水,如同凝视他逝去的爱情。(图11)

图 8 曹植与洛神一见倾心,两心相许

 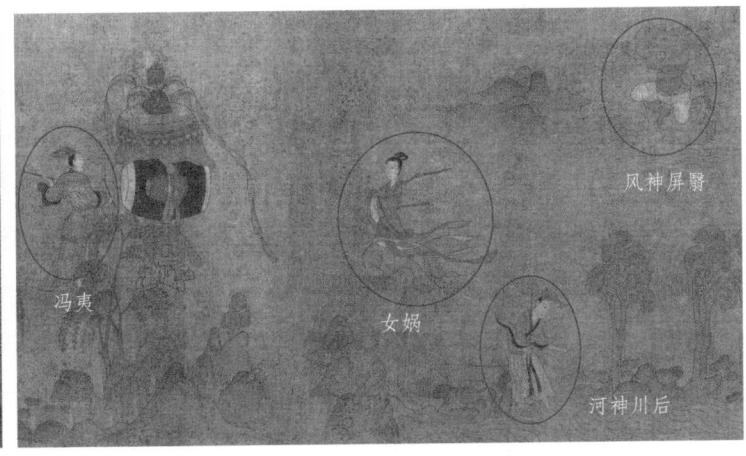

图 9 分离时刻

图 10 曹植只追到了麈尾扇　　　　图 11 曹植回望洛水

这幅画构图"攒三聚五",将重点和留白控制得恰到好处,无论是单独段落或是整体都十分和谐美观;山水只是画面的衬景,并无远近大小的透视之分,反映了早期"人大于山,水不容泛"的特点。笔法大量使用"高古游丝描",如春蚕吐丝,神气飘逸。而顾恺之对人物不同状态下的眼神进行了传神描绘,以形写神,使得画面情意绵绵,引起观者的情感共振。

　　千百年来,人们面对这幅恢宏瑰丽的爱情画卷,猜测曹植为什么会写那样一篇缠绵悱恻的赋文,洛神的原型又是谁。曹植自称是有感于战国时期宋玉《高唐赋》中描绘的楚襄王和巫山神女相爱分离的故事而作,却无法令后人信服,人们更多地认为曹植另有隐喻。最为流行的说法是,洛神是曹植的嫂子、曹丕的妻子甄氏,她本与曹植相爱,却被赐给曹丕,在她死后,曹丕将她用过的金缕玉带枕赠予曹植,故而曹植感慨而作《感甄赋》,后被更名为《洛神赋》。

　　然而这只是文人小说的演绎,真实的甄氏比曹植大九岁,与其说他们相恋,不如说他们同病相怜,他们的命运几乎同频颠簸。

　　曹植,字子建,生于东汉初平三年(192年),是曹操与卞夫人生的第三个儿子,上有两位同母的兄长曹丕、曹彰。他自幼才思敏捷,谈锋锐健,出口成章,十岁便已诵读文学典籍数十万字,写的文章令曹操都称奇,还以为是别人代笔的。曹植回道:"话说出口就是论,下笔就成文章,只要当面考试就知道了,何必请人代作呢!"他的率真潇洒、落拓不羁,他的文才飞扬、卓尔不群,与曹操年轻时一般无二,甚至青出于蓝,深得曹操喜爱。

　　建安九年(204年),曹操带着曹丕率军攻下袁绍的大本营邺城,并将此作为据点,举家搬迁。在邺城的袁氏旧宅里,曹植第一次见到了甄氏。

"江南有二乔,河北甄宓俏",甄氏的美丽足以惊艳古今。史书没有记载她的名字,后人因《洛神赋》为她起名甄洛或甄宓。光和五年十二月,即183年1月,她出生于中山郡无极县(今河北石家庄无极),是上蔡县令甄逸的女儿。据传,她尚在襁褓时,家人常常看到仙人为她盖上玉被,相士断言她日后"贵不可言"。父亲早逝,她的德行教养却并未落下,甚至在闺阁中已贤名远播。她喜欢读书,博闻强识,被人称为"闺中博士"。她善良贤德,对寡嫂友好,在灾荒时劝谏家人开仓放粮救济百姓。十六岁的时候,袁绍听闻她的盛名,将她聘娶给次子袁熙为妻。只是现世安稳的日子并没过多久,邺城之战将她推上了风口浪尖。

史书记载,当十八岁的曹丕穿着铠甲,拎着宝剑,率兵冲进袁绍府邸的时候,只见残阳下,一位头发花白的老妇人膝上趴着一名纤瘦的女子,她衣服破旧,满是污渍,还在微微发抖。当女子转过头,曹丕手里的剑当啷一声掉在了地上,呆立在了原地。这一眼,便生了千古的情债。老妇人对女子说:"现在不用担心被杀了。"老妇人是袁绍的妻子刘氏,而女子便是甄氏,此后,她成了曹丕的妾室。

甄氏比曹丕大四岁,却成了专宠。她容貌倾国,风华绝代,独创的灵蛇髻冠绝当时,纤瘦高挑的身姿配以宽大飘曳的衣袍,精巧宛转,仿若仙人;她才情出众,谈吐文雅,典故诗句信手拈来;她品性高洁,如空谷幽兰,不恃宠而骄,更不嫉妒跋扈,反而劝曹丕多纳妾侍,多子多嗣。曹丕对甄氏的爱炽热浓烈。成婚一年后,甄氏生下了儿子曹叡，几年后又生下女儿东乡公主。曹丕将正室任氏驱逐，要将甄氏扶为正妻，贤德的甄氏几次哭着拒绝，恳求曹丕不要让她背负妒忌专宠的骂名，曹丕却毫不顾忌，坚持将他身边最尊贵的位置给她。

甄氏对公婆孝顺体贴，她常年侍奉在婆母卞夫人身旁。卞夫人一旦生病，她衣不解带，尽心侍奉，焦虑忧心，令卞夫人十分感动，赞她"真是孝顺的媳妇"。即便是威严霸气的曹操，对这个儿媳也是非常满意。史书记载，官员刘桢只因在宴会上对甄氏没有行礼，目光平视，便被曹操严厉处罚，险些被处决。可见曹操对她的尊重。

那是甄宓一生中最闪耀的时光。而那些年也是曹植一生中最夺目恣意的时光。

建安十一年（206年），十五岁的曹植第一次随父亲东征海贼的首领管承，到达了淳于（今山东安丘东北），见识了"东临沧海"的磅礴。第二年，他又随父北征柳城（今辽宁朝阳），体会到"北出玄塞"的苍茫。之后又随曹操南征北战，天地壮阔、戎马倥偬的生涯，让他生出建功立业的雄心。父亲夸赞他是"儿中最可定大事"者，更让他有了继承衣钵的壮志。曹操共有二十五个儿子，嫡长子曹昂早在建安二年（197年）张绣叛乱时战死，故他的继承者常年虚位以待。

建安十三年（208年），最受曹操喜爱的七岁便能称象的神童曹冲病逝，悲痛的曹操对安慰他的曹丕兄弟说道："这是我的不幸，却是你们的大幸。"于是，嗣位的角逐便在正妻卞夫人的四个儿子中展开，而二子曹彰明确表示只愿为将，曹丕与曹植的夺位之战变得白热化。起初，曹植是占尽先机的。

曹植的文才随着年纪增长日益精进，如皎洁的明月一样令同时代的其他文人黯然失色。他是"建安文学"的领头人，南朝诗人谢灵运称"天下才共一石，曹子建独占八斗"。于是有了"才高八斗"这个成语。建安十五年（210年），曹操建起了铜雀台，楼宇连阙，气势恢宏。他命文人志士和一众儿子登台作赋。曹植顷刻之间便作成一篇千古名赋《登台赋》，令曹操啧啧赞叹。

曹植身边聚集了杨修、丁仪、丁廙等高臣名士。尤其是聪明绝顶的杨修，几次帮他在曹操的测试中拔得头筹。曹操命曹丕、曹植二人出城办事，又嘱咐城门守值不得放行。曹丕悻悻而归，而提前受到杨修点拨的曹植毫不迟疑斩杀了守值，交出完美的答卷。

建安十九年（214年），曹操征讨东吴孙权，曹丕随行，曹植留守邺城。临行前，曹操语重心长地叮嘱曹植："当年我担任顿邱令的时候二十三岁，回想起那时候的所作所为，至今都不曾后悔。如今你也是二十三岁，怎能不发奋图强呢！"立嗣之争的胜出者已不言自明。

然而世事不到盖棺定论的时候，反转总会出现得猝不及防又毫不意外，令人感慨彩玉易散琉璃脆。一如甄氏的恩宠，一如曹植的风光。

曹丕纳了一个叫郭女王的女人为妾室。郭女王父母早亡，战乱漂泊中寄身于铜鞮（今山西沁县）侯家做婢女，就在出征东吴前，被人献给了曹丕。她只比甄氏小一岁，却让曹丕重新燃起热情，夜夜恩宠，甚至出征打仗都带着她。完美的甄氏就此失宠。

没有人能想通郭女王压倒甄氏的原因。也许甄氏虽然贤德美好,却于曹丕无用,他更需要的是有手段,能并肩作战的斗士。自从郭女王成为曹丕的宠妾后,在夺嫡之战中曹丕开始逆风翻盘。史书记载郭女王有谋士之才,时时向曹丕献纳良策。谋士之才也许只是史书的美誉,郭女王以在底层混迹多年的经历,必定习得不少市井狡黠的手段,不是甄氏能比的,也不是曹植能比的。

曹丕也渐渐拥有了自己的党羽,甚至有曹操倚重的老臣,司马懿、朱铄、吴质、陈群四人被称为曹丕的"四友",尤其计谋多端的吴质更是屡建奇功。

曹操带兵出征,曹丕与曹植一同送行,曹植作了一篇言辞丰赡的赋文歌颂父亲的功德,令曹操捋须微笑。而自知技不如人的曹丕听了吴质的建议,"以情动人",泪流满面,泣不成声,表现出的父子惜别之情,将曹操感动得老泪纵横,哀叹不已。曹丕占了上风。这路招数后来被清代咸丰皇帝"活学活用",在立储之争中反胜恭亲王奕䜣。

曹植一方得知是吴质在背后出谋划策,对他倍加警觉。有一次,曹丕用废弃的"簏"(用竹条、藤条或柳条编的筐)把吴质偷偷运到府中密谋,被杨修发现,但由于时间紧迫没来得及追查,吴质干脆将计就计,过了几天,曹丕又运"簏"进府,杨修立即将曹丕与吴质结党之事报告曹操,曹操派人前去调查,却发现"簏"中装的全是丝绢。自此曹操开始怀疑曹植陷害曹丕,二人的地位开始发生变化。

曹操嗅到了不寻常的气息,这不仅是两个儿子争求表现,朝臣也有了结党站队的势头。这是任何一个统治者都不能接受的。他决定尽快确定太子,解除这种局面。可是曹丕、曹植各有优劣,他拿不定主意。曹丕年长沉稳，按立长的原则应当是他，但他才干一般，而且喜欢装模作样，收买人心；曹植才华出众，志存高远，以立贤的原则该选择他，可他任性散漫，不够成熟。犹豫之中，他征询谋士贾诩的意见。而"曹丕党"的贾诩一句"思袁本初、刘景升父子也"，用袁绍和刘表"废长立幼"导致灭亡的事例，让曹操默默做出了选择。

著名的"司马门"事件，给了曹操决断的理由。建安二十二年（217年）的一天夜晚，酒醉的曹植驾着车马，打开皇宫的外门司马门，在帝王举行典礼才可以行走的禁道上驰骋。曹操大怒，斩了管理司马门的公车令，对曹植"异目视此儿矣"，不愿再拿正眼看他。后世推测，在立嗣之争如火如荼的关键时刻，曹植不可能自毁长城，做出这种大逆不道的行径，可能是被曹丕及其党羽陷害的。也有说是曹植自己疲于争斗，选择以这样的方式退出。真相已经湮没在历史的烟尘中，但以曹操的谋略，如果他想立曹植为嗣，不会没有任何追查真相的举动便认定事实。也许无论有没有司马门事件，结局都是一样的。

这一年的十月，曹操颁布了《立太子令》，立曹丕为魏太子。

一旦做了决断，曹操就用霹雳手段为曹丕继位清扫障碍。曹植倚仗的世家大族成了曹丕的威胁，也成了曹操肃清的对象。曹植的妻子出身清河崔氏，是关东望族，曹操借口崔氏的服饰太过华丽奢靡，竟然将她处死。曹植一派的杨修出身弘农杨氏大族，杨氏在东汉出了"四世三公"，四代的官位都做到了"三公"的级别。曹操借口"鸡肋"之说扰乱军心，将他杀害。曹植悲哀地发现，不是他斗不过哥哥曹丕，而是父亲的选择压根就不是他。

建安二十五年（220年）正月，曹操病逝于洛阳，曹丕继承王位，同年废汉称帝，做了曹操都不敢做的事。而甄氏和曹植很快都分别迎来了他们的结局。

曹植虽被曹丕逼着"七步成诗"，但曹丕迫于母亲卞夫人的压力，还是放了他一条生路，先封他为安乡侯，又改封鄄城侯。

但甄氏便没有这么好运了。曹丕称帝后，将郭女王带在身边，并迅速将其封为贵嫔，地位仅次于皇后，却将甄氏丢弃在邺城不闻不问。曾经的她享有曹丕夏日如荼的爱，如今却只余秋风纨扇般的冷落。本该属于正妻甄氏的皇后之位一直悬空以待，令人惶惶生忧。

甄氏听闻京城的后宫中，有人诋毁她的儿子曹叡并非曹丕亲生。她万分忧心，担心曹丕轻信谣言，她与子女都将万劫不复。于是她给曹丕写了一封信，信中便有那首著名的《塘上行》：

蒲生我池中，其叶何离离。傍能行仁义，莫若妾自知。
众口铄黄金，使君生别离。念君去我时，独愁常苦悲。
想见君颜色，感结伤心脾。念君常苦悲，夜夜不能寐。
莫以豪贤故，弃捐素所爱。莫以鱼肉贱，弃捐葱与薤。
莫以麻枲贱，弃捐菅与蒯。出亦复何苦，入亦复何愁。
边地多悲风，树木何翛翛。从君致独乐，延年寿千秋。

她一直是爱他的，从他手持宝剑立于斜阳的那个黄昏，他已经是她的整个世界。只是她的爱隐忍自持，不似郭女王张扬高调。即便她被冷落，被猜忌，仍然卑微地解释"众口铄金"的谣言，剖白对他"夜不能寐"的挂念,虔诚地祝愿他"延年寿千秋"。单纯美好的她何曾知晓,当一个人眼中不再有温柔旖旎的光,另一个人的痴心便失了颜色,成了笑话,甚至是危险的信号。

甄氏真挚的告白在曹丕那里变了味,他看到的是怨怼和不忿,他不相信一个失宠的女人会有真挚的祝福,他觉得那是讽刺。他没见过美好,也从不相信美好。

那封信终成了催命符。黄初二年(221年)六月,曹丕派人给甄氏赐了一杯毒酒,之后犹不解恨,让她以"长发披面,以糠塞口"的方式下葬。甄氏一生追求完美和体面,他偏让她以最不体面的方式踏上黄泉,让她无脸见人,口不能言,灵魂不能再去申冤。

没人知道曹丕为什么要对甄氏狠厉至此。她曾是他恩爱缱绻的枕边人,处死她是对弃子的永绝后患,而羞辱她的原因,也许是经年累月的夺嫡之争令他的性格早已扭曲。才华不够恣意导致他极度自卑,乖戾阴暗。他厌恶甄氏、曹植这种霁月风光、声名远播的人,他们令他嫉妒,令他永生都难以企及。

黄初三年(222年),三十一岁的曹植入朝受封为鄄城王。从京师洛阳返回封地鄄城的途中行到洛水,人间四月,芳菲已尽,凉山薄水毫无锦绣美感,只余萋萋碧草,满目都是逆流的悲伤。曹植想到姿容绝色的甄氏不得善终,想到才华横溢的自己被父亲舍弃,不觉悲从中来。他写下了《洛神赋》,把自己曾经的宏图壮志化为翩若惊鸿、婉若游龙的洛神,与她缱绻爱恋,与她依依分离。

百年后的顾恺之读懂了《洛神赋》,他将它变成了栩栩如生的图画,在内心与自己的"洛神"分离。曾耿直坦率的他,被现实捶打后学会了"一半痴愚,一半狡黠",当权臣桓玄拿一片柳叶戏弄他,声称是能隐身的"蝉翳叶"时,他也装傻配合藏在柳叶下"隐身",任桓玄尿自己一身。

世间的美好总被辜负。洛神是谁已不重要。她是甄氏,也是曹植乃至顾恺之心中那缕绮丽却被现实湮灭的梦幻。**一如观赏图画的我们,也曾在年少轻狂时,有着对事业壮志凌云、对爱情缠绵旖旎的理想,却大多被现实吹打得支离破碎。我们与理想注定邂逅,又注定分离。**

洛神是美好的,却注定不是凡人能拥有的。

《步辇图》

——那场盛大的求婚,与爱情无关

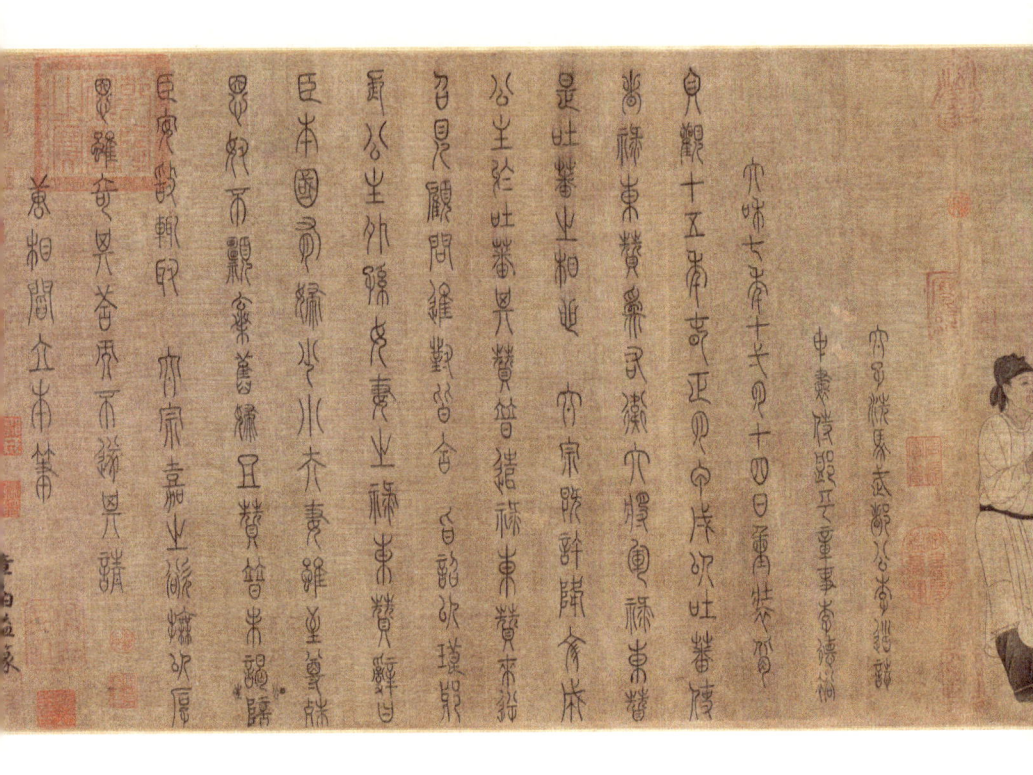

[文物档案]

图名：《步辇图》　　作者：阎立本

创作年代：唐代　　规格：纵38.5厘米，横129厘米

材质：绢本　　现收藏地：北京故宫博物院

贞观十四年（640年），吐蕃使者禄东赞一行经过近一年的长途跋涉，终于到达了大唐的都城长安。长安一派盛唐繁华气象，城墙巍峨雄壮，守卫森严有序，棋盘般的市集熙攘繁荣。

吐蕃使者被安排在了驿馆，他们无暇去看长安城的热闹，而是紧张地商量着，讨论着，甚至排练着。他们这次带着一个关系到吐蕃国祚的任务而来——向大唐下聘，求娶公主。如果不能顺利完成任务，他们将是吐蕃的罪人，无颜回去向赞普（首领）松赞干布复命。

在焦急中等待了几天，禄东赞终于获旨入宫。在典礼官员的带领下，禄东赞觐见了太宗李世民。禄东赞不愧为吐蕃的大相（宰相），谦恭有礼，对答自如，令太宗非常赞赏。之后太宗将文成公主嫁与松赞干布，并封禄东赞为"右卫大将军"，还打算将琅琊长公主的外孙女段氏许配给他做妻子，极力挽留他久居长安。禄东赞称："臣本国有妇，父母所聘，情不忍乖。且赞普未谒公主，陪臣安敢辄娶？"禄东赞坦陈自己在吐蕃已经有了妻子，而且松赞干布还没有娶公主，他不敢先提娶妻的事，婉言谢绝了太宗的好意。

唐太宗为了记录下这一意义非凡的会面，命令宫廷画师阎立本作画，便有了这幅当时的"新闻照片"《步辇图》。此图历经千载流传，仍具有重要的史料价值。**它是中国十大传世名画之一，其中诸多的政治密码正是这幅画的意韵价值所在。**

唐代是中国古代历史上最为强盛的时代，大唐版图辽阔，国力雄厚，经济繁荣，为绘画艺术的爆发式繁荣提供了坚实的基础。唐代绘画水平达到巅峰，包容开放的时代精神使得绘画门类丰富多彩，画派百舸争流。画家推陈出新，融百家之彩，绘盛世之风，形盛唐之豪迈。发展最早的人物画，在唐代更为细化，有初唐时期阎立德、阎立本兄弟及尉迟乙僧等政教类的历史题材人物画，也有唐中期吴道子等"吴带当风"、衣袂飘飘的佛像人物画，还有张萱、周昉等的绮罗人物画，更有贯穿整个唐代、富丽堂皇、宏伟精妙的敦煌飞天人物壁画。而山水、花鸟等绘画各科也陆续独立出来并得到发展，趋于成熟。

《步辇图》是初唐政治人物画的杰出代表。画卷上共绘有十三个人物，人物繁多，却因阎立本精妙的构图，井然有序，丝毫不显凌乱。画面分为两组：右侧以唐太宗为核心，九名宫女抬着步辇，手执华盖、屏风扇，如众星拱月般簇拥而至；左侧三人顺序排列，前面是宫廷礼官，中间是吐蕃使者禄东赞，后面是一名译官。整体构图疏密有致，重点突出。

画面的颜色安排具有独到之处。求亲是喜庆的事，位于画面轴心位置的典礼官身穿红袍，彰显主题，且与侍女们的服饰和手持华盖顶的红色进行呼应，使得画面左右两组人物交融在一起，没有割裂感。而红色代表正统、恢宏，同时还显示了典礼官的品阶。唐代官服三品以上，"其色紫"，五品以上，"其色朱"。故而典礼官的官阶是五品以上、三品以下。吐蕃使者禄东赞的服饰具有少数民族特色，十分精致，体现出他对此次觐见的重视。太宗着黄色常服，戴幞巾，尊贵中略带一丝随意，体现了大国君主的地位。

画面的笔法使用纯熟的勾勒技艺，衣饰纹路、器具物品线条的勾勒流畅圆劲，畅而不滑，顿而不滞。禄东赞身着"联珠立鸟

图一 联珠立鸟与立羊纹织锦长袍

与立羊纹织锦长袍"（图1），上面绣满了各种动物图案的纹饰，被勾画得精细流畅。抬着步辇的侍女服饰笔墨晕染充分，层次分明。三名官员的靴筒褶皱处，也通过墨色的变化，表现出很强的立体感。

整幅画最精妙的，是对人物神情和气韵的描绘。唐太宗是全图的焦点，他目光深邃，神情庄重，充分展露出盛唐一代明君的风范与威仪。禄东赞双拳抱立，诚挚谦恭，持重有礼，察言观色。译官战战兢兢，诚惶诚恐。而宫女们神情自若，仪态万方。（图2）人物表情对比鲜明，有张有弛，有柔有刚，层次分明，又浑然一体，非常和谐，

图2 人物的神情和气韵

既有画面故事感，又给人以视觉的美感。绘画将人物的尊卑、国家的地位、大唐的气势表达得一目了然。全图构思巧妙，设计简练而又耐人寻味，达到以少胜多、以点带面的艺术效果。

业内部分专家认为此图为宋摹本，真伪的争议至今没有定论。但总体摹绘较精，不失原作之真。也有学者提出，故宫在修复《步辇图》时，抹去了唐太宗的右手和手中所攥的一个白布袋，而这个布袋里很可能装的是授封禄东赞右卫大将军的印信和诏书。《步辇图》描绘的应当是禄东赞受封的场景。

无论《步辇图》的真伪如何，内容为甚，背景皆是历史上那场著名的求婚。它是文成公主和亲的记录，也是汉藏交流的历史见证。它的政治历史意义，远远大于绘画技巧本身。

关于《步辇图》背后的求婚，在西藏的历史记载里有一个"六试婚使"的故事。由于文成公主花容月貌，当禄东赞到达长安求婚时，天竺、大食、仲格萨尔以及霍尔等几个国家也派使者来求亲。太宗很为难，不知该将文成公主许配给谁，便出了"绫缎穿九曲明珠"等六道难题考验几位使者。禄东赞一路过关斩将，表现出非凡的智慧和才能，胜过了其他使者。太宗非常高兴，认为臣子尚且如此机智，首领必然谋略过人，便将文成公主许婚于吐蕃首领松赞干布。这个"六试婚使"的故事被描绘在拉萨布达拉宫的壁画中，生动地向后人讲述着一千三百多年前的趣事。

可惜，这只是一个美丽的传说。真实的吐蕃王朝求婚，是一场战役"打"出来的。而在那段往事里，有一个妙龄少女一生的付出，有一个宫廷画师的顿悟，还有一个强盛帝国权衡后的抉择。

贞观八年（634年），吐蕃赞普松赞干布派出使者，第一次向大唐提亲，求娶公主。使者们带着来自雪域高原的珍贵礼品，志得意满，以为定能不负使命。

大唐正值贞观盛世，国富兵强，繁华富庶，万国来朝。太宗李世民被拥护为"天可汗"。很多毗邻的国家都以求娶到大唐的公主为荣，以和天朝上国的姻亲关系来巩固政治地位。和亲不再像汉代那样是用公主换取边境的和平，更多的是国家之间的利益联盟和权衡，以及盛唐对周边游牧民族政治、文化、经济方面的输出。松赞干布得知吐谷浑、突厥都迎娶了大唐的公主，便雄心勃勃想要效仿，以增强吐蕃的政治地位。

然而吐蕃王朝之前与大唐并无交往，首次接触便提出"尚公主"的要求实属天方夜谭，况且太宗对这个新兴的政权并不了解，自然不会盲目许嫁。于是大唐拒绝了吐蕃和亲的请求，使者们失望而归。但太宗不知道的是，这次拒绝会引来一场战争，而那个只有十八岁，名叫松赞干布的年轻人，不是寻常之辈。

青藏高原早就有人居住。战国之后，一些羌族部落移居到如今的西藏地区，与当地的孟族融合发展，形成了吐蕃族，并逐渐出现了一些酋长世袭的部落。部落的君长叫"赞普"，意思是雄强的丈夫。在公元6世纪末，即南北朝后期，山南地区的雅隆部落已经由部落联盟过渡到奴隶制政权，第三十一世赞普达日聂西把眼光投向了雅鲁藏布江以北的广大地区，筹划统一整个青藏高原。他的孙子，第三十三任赞普松赞干布，十二岁即位，十五岁平定本部叛乱，接连招降、吞并周边的苏毗、羊同等部落，势力大增。贞观七年（633年），松赞干布迁都逻些（今西藏拉萨），正式建立吐蕃王朝，一举令吐蕃从雅鲁藏布江附近的边陲小国成为青藏高原的霸主。

第一次求亲失败后，松赞干布借口邻国吐谷浑从中作梗，于贞观十一年（637年）和羊同部落大举进攻吐谷浑，吐谷浑大败，逃到青海以北。松赞干布顺利地攻占青海。随后，松赞干布又攻破和吐谷浑世代友好通婚的党项、白兰羌，率军二十万攻打大唐的松州地带，大败松州都督韩威，并扬言："公主不至，我且深入。"这算是松赞干布的第二次求婚。

这次的胁迫求婚，强硬的大唐自然更不会同意。太宗派了侯君集等人为将，率领五万步骑，与吐蕃展开松州之战。先锋牛进达率兵夜袭松州，趁其不备，大败吐蕃，"斩首千余级"。松赞干布看到实力悬殊，便从松州撤兵，退出吐谷浑、党项、白兰羌，并派使者向大唐请罪，再次求亲。

这次战争让太宗看到了这个新兴崛起的政权不可小觑，思量再三，太宗答应了。可是太宗已经没有年龄适合的女儿了，即便有，又怎么舍得让她去吐蕃那么遥远的地方？太宗将宗室女儿筛选了一遍，最终将目光锁定在了江夏王李道宗的女儿李氏身上。历史上记载了她的很多功绩，却唯独没有记载她的名字。

深秋的露水打湿了窗前的枯叶，濡湿了离别在即的人的双眼。李道宗和女儿说出帝王的决定，话没说完声已哽咽。他的女儿只有十五岁，是娇滴滴的金枝玉叶。吐蕃路途遥远，这一去这辈子怕是不能再见了。他常年在西北边陲征战，深知吐蕃条件有多艰苦，女儿将要受多大的罪。他不停自责，悔恨不该带女儿入宫，让太宗看到这个沉稳持重、端庄贤淑的女子，才会动了让她去和亲的念头。

李氏反而劝慰父亲："听说松赞干布是高原上雄鹰一样的人物，这样的人做夫君，不是福气吗？"

李道宗痛惜："吐蕃是蛮荒之地，你和他们语言都不通，会受苦的。"

李氏却说："那我正好可以教他们读书识字，学习诗文。还可以派人教他们纺织、医药、纸墨，不更有用武之地吗？"

李道宗长叹一声，如果她不是这么懂事，这么坚韧，这么贤能，如果她能骄纵些，狂放些，和亲的绝不会是她。她的品格贵重，到底是福还是祸？

李道宗带着辛酸离去，李氏的眼泪终于夺眶而出。她只是不愿意让父亲更难过，可她别无选择。父亲三年前因为贪赃被罢官，去年刚被起用，在帝王面前话语轻微，没有一丝回旋的余地。未来她肩负的，不只是家庭，更是朝堂，是国家。从这一刻起，她已经注定不是为自己而活。

禄东赞为首的吐蕃使者觐见太宗之后，也是《步辇图》完成几天后，太宗正式下旨，册封李氏为文成公主，嫁与松赞干布。

"一帆风雨路三千，把骨肉家园齐来抛闪。""从今分两地，各自保平安。"贞观十五年（641年）正月十五，由父亲李道宗持节护送，禄东赞等人随从，文成公主一行从长安出发，途经甘肃、青海，长途跋涉前往拉萨。松赞干布率群臣在吐蕃和吐谷浑的边界柏海（今青海玛多县境内的鄂陵湖）等候，迎接他历经千难万阻求娶到的公主，并向李道宗施翁婿之礼。

他们终于相遇，那一年，他二十五岁，她十七岁。他是高原的雄鹰，她是中原的解语花，正是郎才女貌、爱火四燃的年纪与时机。他尊重她，爱戴她。他为她建造了布达拉宫居住，为她带来的释迦牟尼佛像建造了小昭寺供奉；她不喜欢当地的风俗"赭面"，用红色的颜料涂脸，他立马下令禁止；她不喜欢穿当地用毛毡和皮革做成的衣服，他带头穿上丝绸制作的衣服。而她不仅带来了珍宝珠玉，更带来了种子、书籍、医药等中原的文明。"自从贵主和亲后，一半胡风似汉家"，中原文明的种子从此在吐蕃生根发芽，蓬勃生长。

他们应该是举案齐眉可回首，且以深情共白头。可是清醒的文成公主知道，他是她的丈夫，更是高原的霸主。早在她入藏之前，为了稳固政权，联合其他部落的力量，他已经娶了四位妻子。其中一位是尼泊尔的尺尊公主，她也同样深受松赞干布的敬爱，松赞干布为她带来的释迦牟尼佛像建造了大昭寺供奉。他对她的爱，有多少是发自内心，又有多少是出于对大唐的态度？松赞干布唯一的儿子是他与吐蕃妻子所生的，文成公主和尺尊公主都没有所出，也许是出于他对继承血统的考虑。作为一个明主，爱情本就是奢侈的东西。

又是一个孤独的夜晚。不似长安灯火通明的繁华，高原的夜格外漆黑寒冷。文成公主在灯下读书，烛火将夜的幽暗烫了一个华彩的洞。她的心似定未定，她终究是芳华年岁的女子，怎么会不期待丈夫的到来？然而忙于政务的松赞干布很少与几位妻子见面，何况他的时间还有四位妻子与文成公主一同分享。侍女进来捧上松赞干布赠予她的吃食，顺便传达今夜他不再来的讯息。

文成公主伫立窗前，凝视着低垂的夜幕，繁星铺陈在浩渺的头顶，仿佛伸手便能摘得。"迢迢牵牛星，皎皎河汉女"，牵牛织女星看似近在咫尺，却横亘一条银河永难相遇。一如她与松赞干布，无论多么亲密，各自背负的使命始终是他们之间难以逾越的银河。

两个聪明绝顶且有着坚定立场的人，纵然相爱，也太难爱得纯粹，以至于都无法确定他们是否有爱。松赞干布有他的思谋高远与深邃，而文成公主有她的使命和肩负。她必须将使命继续下去，无关风月，只为大局。他们就这样彼此尊重却又彼此生疏地延续他们的婚姻之路。

九年后，松赞干布英年早逝，只有三十四岁。当时文成公主还是二十六岁的妙龄。大唐换了君主，高宗李治是个仁厚的人，他去书信问文成公主是否愿意回家。

回家，多么诱惑的字眼，可她不能回去。她不仅是大唐的公主、父亲的女儿，她更是一个符号，一个唐蕃友好的标志。她这些年播种的文明已经开花，吐蕃的百姓尊她为绿度母，爱戴她，尊崇她。松赞干布去世，禄东赞去世，吐蕃又开始蠢蠢欲动，数次在边境挑衅。如果她再回去，后果不堪设想。

从文成公主踏上这片高原开始，便只能用失去自己的方式来成就自己。从二十六岁起，她注定将孤独地走完一生。唐朝使者离去，文成公主站在布达拉宫的高台上，望着家乡长安的方向，泪流满面。

当文成公主拒绝回长安的消息传来，《步辇图》的作者阎立本正在家中饮茶。他由衷敬佩那个女子，那个和他儿子差不多大的女孩子曾无意中点醒了他。

太宗朝初年，他被帝王急召入宫。他以为有什么急事，匆匆赶去。谁知到了才知道，是太宗和侍臣们乘舟游玩时，在御苑的池中看到一只奇怪的鸟，便把他召来画下那只鸟。他无法忘记那天，他大汗淋漓地跑来，官服都已湿透，却得俯身屈膝画画，而那些大臣向他投来鄙视、戏谑的目光。那种委屈和屈辱,令他如芒在背。

阎立本是贵族出身,他的外公是北周武帝宇文邕,母亲是清都公主,父亲是隋朝殿内少监阎毗。他自己当时也官至主爵郎中,他的主职是官员,不是低贱的画工,却要像奴仆一样伺候人。那晚他失魂落魄地回家后,懊恼地教诲儿子:"你当深以为戒,不要再学画画这种技艺了。"

当阎立本画完《步辇图》,曾经迷惘的他瞬间清醒。谁不委屈呢?吐蕃的宰相禄东赞觐见太宗,太宗竟然坐着宫女抬的步辇出来,穿着寻常,动作随意,何尝不是一种轻慢?禄东赞不委屈吗?江夏王李道宗要把爱女送到吐蕃,皇室宗亲都要面临骨肉分离,他不委屈吗?甚至禄东赞背后的松赞干布、大唐的太宗皇帝,为了边境和平安宁,要用姻亲结盟,他们又何尝舒展痛快?而那个当年仅十七岁的女孩,要把一辈子都奉献在荒远的高原,她更委屈。连一个女孩子都能负重前行,自己堂堂一丈夫,又有何不可呢?

从此之后,他的心态平和多了。此时,阎立本已擢升为右相。人们讽刺他"左相宣威沙漠,右相驰誉丹青",因为画画的雕虫小技谋得个宰相的官职,与驰骋沙场、战功赫赫的左相姜恪怎能同日而语?可他已不在乎了。

谁能随心所欲?谁能纵情自在?都是咽下委屈,背负使命,然后成就的大格局。

《虢国夫人游春图》
——大唐后宫不能说的秘密

【文物档案】

图名：《虢国夫人游春图》　**作者**：张萱

创作年代：唐代　**规格**：纵51.8厘米，横148厘米

材质：绢本

备注：原作已佚，现存为宋代摹本，藏于辽宁省博物馆。

唐代天宝十一载（752年）的春天，正是上巳佳节，"池塘生春草，园柳变鸣禽"，长安城里的鹅黄嫩绿、桃红杏白如水彩一般晕上城头，晕上砖瓦，空气中充满香甜的味道。这一天格外热闹繁忙，俊俏秀丽的青年男女纷纷换上鲜艳明亮的红裳翠衫，结伴向城外南郊的曲江池畔走去。那里是赏春踏青的绝好去处。

忽然，几名盛装的男子骑马疾驰而出，驱赶着道路中央的人群，大声呵斥着："让开！"人们惊慌地四散奔逃。紧接着，一行锦衣华服的男男女女策马向曲江奔去，欢声笑语肆意而张扬。人们一边摇头叹息"虢国夫人又出城踏春了"，一边追着看能不能捡到她掉落的首饰。

后来，杜甫在《丽人行》里讽刺道："三月三日天气新，长安水边多丽人……就中云幕椒房亲，赐名大国虢与秦。"

天宝年间的宫廷画家张萱用一幅《虢国夫人游春图》记录下了这场浩大的踏春盛况。这幅画代表了唐宫仕女图的最高水平，成为中国美术史上的经典，是中国十大传世名画之一。

人物画到唐代已经发展到巅峰鼎盛水平，大体分为道释画、仕女画、肖像画、风俗画、历史故事画等。仕女画原指以士大夫和女性生活为题材的人物画，后专指描绘上层女性生活的绘画。

唐朝中期的开元、天宝年间，政权更加稳固，经济空前繁荣，整个社会不再如魏晋时期充满思辨哲理的追求，也不似初唐那般政治气氛浓郁，而是充盈着对现实生活的感知和享受。体现在人物画上，便不再以功臣、良将、孝子、列女为题材行教化或进行政治性创作，而是将视野转向了洋溢着青春活力的现实生活。于是以贵族女性为题材，具有富贵之气的仕女人物画应运而生，被称为"绮

图1 唐·周昉《簪花仕女图》（局部）
辽宁省博物馆藏

罗人物画"。张萱和晚于他的周昉（图1）是这一时期著名的仕女画家，他们在造型上注重写实求真，女子脸型圆润饱满，体态丰腴健壮，气质雍容高贵，展示出大唐盛世下皇家女性的华贵之美。

《虢国夫人游春图》是张萱"绮罗人物画"的典型作品之一。画面构图排布前疏后密，疏密有致，错落自然，有着音乐般强弱相间的节奏。作者使用工笔的绘画方式，用精湛的线描和晕染，对细节处理到位。线条简洁却圆润细劲，妩媚中透着力量，衣饰和马鬃的长线条一贯到底又对比强烈，用最简单的笔法提炼出了最精准的形神。画面设色浓淡相间，整体色调偏暖，以白色和暗色相隔平衡，达到艳而不俗的效果。画中人物的衣纹运用了"低染法"，也称"凹染法"，就是沿着勾好的衣纹渲染，把衣纹的线条一侧染重,脸部也采用同样的方法。

画面最精妙的是虚实相间的布局。名为"游春图",却没有任何与春有关的衬景,只用湿笔点出斑斑草色,再用桃粉色对人物的衣裙渲染,整个画面的色彩便春意盎然。马背上的人物神情舒展怡然、轻松自得,"游情"盎然。全图无一处画春,却处处是春,春的气息灵动地游弋于人物的衣衫间、神情间。

这幅画流传千年仍为人津津乐道,除了笔法技艺,更重要的是画家张萱给后世留下了一道难解的谜题——画中谁是虢国夫人?主流的看法,图2中的⑤是虢国夫人。此人淡扫蛾眉,气度华贵,头上的倭堕髻、马胸前挂的红色缨穗,都彰显身份显贵。而且《虢国夫人游春图》是北斗星式构图,主角虢国夫人应该居于中心的位置。扭头与她说话的④,应当是她的妹妹秦国夫人,表情恭敬。

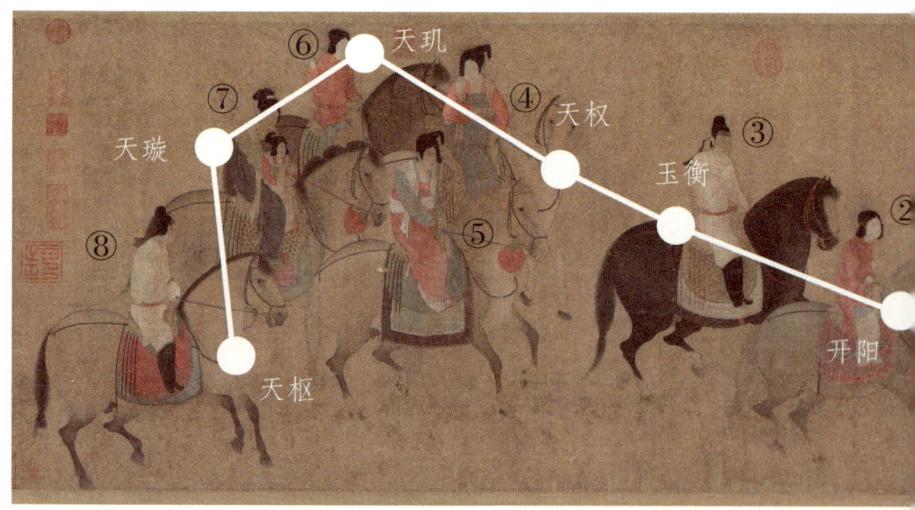

图2 《虢国夫人游春图》北斗星式构图

也有人认为，⑦是虢国夫人，带着孩子，服饰与其他人明显不同。

也有人认为，图画里根本没有虢国夫人，因为没有人符合她的气质和装扮，都不够华贵。

最为不可思议的观点是，认为①才是女扮男装的虢国夫人。首先，只有①和⑦骑的马，马鬃被分成三瓣，称为"三花马"，是唐代宗室贵族出行的最高规格。但⑦马背上的小女孩应当是虢国夫人的女儿，才有了三花马的待遇。另外①骑的马，装饰最为华丽富贵，马匹身上的障泥绣了鸳鸯，也绣了象征"虢国"的虎。而仔细看，①的纱帽里隐隐露出的美人尖，似乎也在表明其女人的身份。（图3）

这个话题争论了千年，至今没有一个答案。要解开这个谜团，

图3　三花马、障泥、纱帽等几处细节

需要转眸看回一千多年前的大唐长安，那段众说纷纭的宫廷秘闻。

天宝四载（745年），河东裴氏家族接到了唐玄宗的旨意，要接一个寡妇入宫。那是一个美丽的寡妇。寻常百姓家如果接到这样的圣旨大多是喜忧参半，裴家却松了一口气。只因这个寡妇太不安分，她的离开，对裴家实在是好事一桩。于是没有任何牵绊，她带着一儿一女，坐着皇家的车马，奔赴盛世长安。她按捺不住澎湃如潮的心情，她知道，长安等着她的，是无法想象的荣华富贵。因为她的妹妹是整个大唐最受宠爱的女人，是能令六宫粉黛无颜色的贵妃——杨玉环。

她是贵妃的三姐，史书里没有她的名字，只叫她"杨氏"。她的前半生，已经比那个年代的绝大多数女子都要幸福潇洒。她的父亲杨玄琰是蜀州司户，官位虽不大，但也是富足的仕宦人家。父兄宠爱，姐妹和气。待到及笄之年，她嫁与了家世煊赫的裴璆。裴璆出身河东裴氏，裴氏是世代望族，出过好几位宰相。能嫁入这样的人家，郎才女貌，儿女双全，她拿到的是人生的神仙脚本。那些年，她生长得肆意而舒展，像山野蓬勃的玫瑰，无所畏惧，开得热烈浓艳。

可是裴璆死得太早，日子变得不那么好过。裴家希望她变成一个形如槁木、心如死灰的寡妇，用哀愁和眼泪为裴璆一辈子陪葬。他们希望她专心教导两个孩子，让儿子走上仕途，女儿嫁入望族，完成一个母亲的使命。可那怎么可能？野生的玫瑰，怎么能变成宜室宜家的夭桃？她穿着鲜艳明丽的丝绸锦缎招摇过市，她和家族里的年轻男子大声谈笑，她甚至在丈夫的忌日都没有掉泪。她成了裴家眼里不守妇道的妖妇。防范，教训，诋毁，让她的生活跌入谷底，却从不曾让她屈服。她不服气，一个失去丈夫的女子，凭什么就不能活得明艳，活得张扬？

车马行过黄河，滚滚巨浪翻腾着，将她的前半生淘尽。裴家人不会想到，那个令他们头疼不安的女子，她的后半生才真正轰轰烈烈，无所畏惧。

长安，高大的宫殿气宇巍峨，金碧辉煌，行走的宫娥环佩叮当。这一切都让她心中欲望的种子不断膨胀、发芽，直到穿透那层薄薄的禁忌，和野心一起濡湿暗夜的躁动。她见到了妹妹，也见到了那个给予他们全家恩宠的男人。她分明看到了，他的目光扫过一同入宫的几个姐妹，在看到她时，眼里迸发出的惊艳和灼热。这样的目光对于美艳的她来说再熟悉不过，她勇敢地迎了上去。

玄宗给她们姐妹三人赐了府邸，赐了金银，还赐了封号。两个姐妹被封为韩国夫人、秦国夫人，而她成了历史上鼎鼎有名的虢国夫人。

梨园树下，玄宗吹笛，贵妃翩翩起舞，《霓裳羽衣曲》令后世以为那是他们爱情的契约。梨花开，春带雨；梨花落，春入泥。向往爱情的女人们以为玄宗对杨玉环是三千宠爱在一身的情深不移，可惜真相令人难过。一个懂得艺术、懂得欣赏的男人往往是多情的。贵妃醉酒，醉的从来只有她一个人。她深爱的男人，她的姐姐，都在看她独醉。

风流帝王不出所料地对虢国夫人发起了邀约。她虽然年过三十，但风韵不减。贵妃是"云想衣裳花想容，春风拂槛露华浓"的白牡丹，而她是"态浓意远淑且真，肌理细腻骨肉匀"的黑玫瑰，妖娆出另一种风姿。虢国夫人打着看望妹妹的名号，频繁出入常人可望而不可即的深宫禁地，却毫不遵循礼法。她常常女扮男装，穿着男子的衣袍，骑着高头大马进宫，甚至不施脂粉，素颜面圣，成语"素面朝天"便来自于此。诗人张祜写她："虢国夫人承主恩，平明骑马入宫门。却嫌脂粉污颜色，淡扫蛾眉朝至尊。"她的别具一格，特立独行，成功地摄住了帝王的魂魄。

玄宗毫不吝啬地用财富挥洒着他的爱意。金银珠宝、名贵首饰，连脂粉钱每年都要赏赐上千贯。虢国夫人喜欢把珠宝钗环都戴在头上，心情一好，便一路走一路丢，看着人们跑着、追着，捡她丢弃的首饰，她笑得肆无忌惮。主宰别人的滋味和快意，令她食髓知味。

她的手慢慢地开始伸得更远。权力会让欲望膨胀，她强行包揽皇室子女的婚嫁，索取贿赂动辄万钱。由于玄宗睁一只眼闭一只眼，于是没人敢说什么。

她终于活成了自己最想要的样子，放肆张扬，不受任何拘束。

她们姐妹和已经成为大唐宰相的堂兄杨国忠捆绑成了牢不可破的一体，深受玄宗宠爱器重，气焰正盛。趋炎附势的人们开始攀附巴结，然而也有人对他们不屑一顾。在那些人眼里，贵妃不过是以色侍君、魅惑皇帝的红颜祸水，他们兄弟姐妹更是狗仗人势、狐假虎威的帮凶。

虢国夫人敏锐地捕捉到了熟悉的气息，那种在裴家的气息，被人讥讽嘲笑的气息。那些公主贵妇表面与她们虚与委蛇，笑脸相迎，其实从未真正把她们姐妹放在眼里，暗地里总嘲笑她们卑贱、土气。虢国夫人从来不是忍辱负重的人，她开始一一挑衅反击。

她看上了前宰相韦嗣立的大宅，不由分说指挥人强拆，没有补偿韦家一文钱，只给了附近十几亩地让韦家重新建房。她在宰相府的故地上盖起了长安城最富丽堂皇的宅院。竣工那天，她一高兴，把三十斤祖母绿宝石当石头一样挥手就赏赐给了工匠。她并不是多么喜爱那个宅院，她只是喜欢看韦嗣立一家无可奈何的样子。

天宝十载（751年）元宵节的晚上，她遇到了广宁公主。一个城门，谁先过是不言自明的事。毕竟广宁公主是玄宗捧在心尖上的爱女，她只是个靠裙带关系立身的虢国夫人。可她早已记恨上了广宁公主，她那双清高冷冽的眼睛，里面全是对杨氏家族的不屑。她毫不犹豫地指挥奴仆，将鞭子狠狠抽在了这位金枝玉叶的身上。措手不及的公主摔到了马下，驸马去扶，也挨了几鞭子。虢国夫人扬长而去，只留下一串不羁的笑声。公主哭哭啼啼去告状，玄宗却是各打五十大板，把鞭打公主的恶奴处死，也把驸马的官职停了，而始作俑者虢国夫人却毫发无伤。

没人再敢质疑她所获的恩宠，没人再敢挑衅她的淫威，她攀到了权力的巅峰。

玄宗过分的恩宠和放纵，引起了铺天盖地的流言蜚语。有人说她早已和玄宗暗通款曲，和妹妹玉环并承恩泽；也有人说她和堂兄杨国忠同骑一匹马，彻夜同宿，淫荡乱伦；也有人说她府里那些年轻俊俏的侍从都是她养的面首……宫闱秘闻到处传得香艳，连贵妃也开始狐疑。虢国夫人却毫不在意，她敢做还怕人说吗？她从来就不怕别人嚼舌头。

嚣张跋扈的女人背后，一定有个甘愿哄她的男人。月色清凉，灯影幢幢，玄宗看着身着俏丽男装的虢国夫人用犀牛角的筷子从水晶盘里夹出雪白的鱼肉，一时间分不清哪个是水晶盘，哪个是她的玉臂。他再一次动了心思，汉成帝能享赵飞燕、赵合德姐妹的齐人之福，他又为何不可？后宫里还没有像她这样明媚飞扬、带几分男子气的女人。他自认为已经为她做了那么多有违规矩祖制的事，足够打动她，收服她。可她仍然坚定地拒绝了。

何苦呢？她好不容易才从裴家的笼子里逃出来，为什么要跳进另一个金丝笼？一旦成了他的笼中雀，又能保持多久的新鲜？猫鼠游戏里，被追逐的那个才是赢家。女人一旦不困于爱情，便会聪明许多。她深知暧昧不清和欲迎还拒才是她得宠的法宝。自由、权力、荣华富贵，这些都比男人虚妄的爱情实在得多。她才不会像玉环那么傻，用爱情给自己编织一个精美的笼子，禁锢了自己的心，心里、眼里全是那个她唤作"三郎"的男人。

她心里也不可能只有一个男人，哪怕这人是九五之尊的帝王。从皇宫离开，面容俏丽的年轻侍从给她牵着马，把她送到了另一个男人的府邸。堂兄杨国忠的宰相府里，宴饮才刚刚开始。虢国夫人换上华服，和杨国忠推杯换盏，笑声肆意而放浪。这场宿醉，通宵达旦。

人们给虢国夫人取了个外号叫"雄狐"，说她既有狐狸的妖媚、聪明，也有雄性的野心和不羁。她和杨国忠的利益联盟不知深浅，渐渐把权力的爪牙伸向朝堂，终于触动了大唐安稳盛世下的暗礁，加速了安史之乱的爆发。

天宝十四载（755年）十一月，安禄山以"忧国之危"，奉密诏讨伐杨国忠为借口在范阳起兵。第二年长安陷落，玄宗带着杨贵妃姐妹及皇子皇孙、公主妃嫔、亲信等西逃。行到马嵬坡时发生兵变，满心只有爱情的贵妃为所有人的贪婪殉了葬。

陈仓的竹林里,风萧萧,带着肃杀的气息从耳边吹过。虢国夫人带着杨国忠的妻子裴柔和自己的儿女逃到了绝境。前面无路可走,后面是县令薛景仙的追兵。怎么办?裴柔凄惶无助地看着虢国夫人。贵妃死了,杨国忠死了,等待她们的是囚禁和审判。

毫无自由地活,不如去死。虢国夫人抽出佩剑,决绝地刺死了裴柔,又刺死了自己的一双儿女,然后挥剑自刎。片片竹叶在她头顶旋转着,铺天盖地的绿掩住了她柔媚的身体,这样的谢幕,是她生命里最华美、最可爱的模样。**她用刚烈的死亡,结束了自己不肯委屈的一生。**

安史之乱平定后,大唐再难从满目疮痍中恢复盛世气数,衰老的玄宗终于没了往昔的多情。杨玉环的惨死,换来了他的江山太平,他在余生的寂寂岁月中,缅怀着他那并不光彩的爱情。诗人白居易写他们"七月七日长生殿,夜半无人私语时……天长地久有时尽,此恨绵绵无绝期",也许这个时候,玄宗才真正有了对贵妃的"爱情"。

他也许再不会想起虢国夫人,那个烈火灼烧般飞扬跋扈的女子。但没关系,她也从来不在乎。**她的一生不困于情,也不困于自己。**

从时光中走来,再回到这幅《虢国夫人游春图》。一幅美人图,半部大唐史。我情愿相信,最前面的那个男装者是真正的虢国夫人。她潇洒恣意,不拘礼法,女扮男装,做了很多女人想做却一辈子不敢做的事情。

那么,画家张萱为什么要画一幅找不到女主角的画?传统的看法是他在暗讽虢国夫人的骄奢淫逸。但如果那样,他为什么不去画虢国夫人满头珠钗首饰的模样,却要画她清爽利落、不施脂粉的男装像呢?张萱从来不是一个传统道德的卫道士。他不画贞洁烈女,不画神仙孝妇,他的《捣练图》《安乐仕女图》里的那些女子,都是从世俗里款款而来,她们洗衣,游春,赏雪,品茶,乞巧,扑蝶,生动盎然地活着。

据记载,张萱共画了四十七幅画,其中与虢国夫人相关的有三幅,除了《虢国夫人游春图》,还有《虢国夫人夜游图》《虢国夫人踏青图》,后两幅画现已失传,我们无法看到它们的真容。但从张萱如此喜欢画虢国夫人来看,他应该是欣赏她的生动明媚的,虽然明知她的张扬跋扈、骄奢淫逸不合礼法。也许正是这份了解和偏爱,才让他选择最能代表虢国夫人"雄狐"特点的男装,去绘制成画。

《祭侄文稿》

——满门忠烈,血荐轩辕

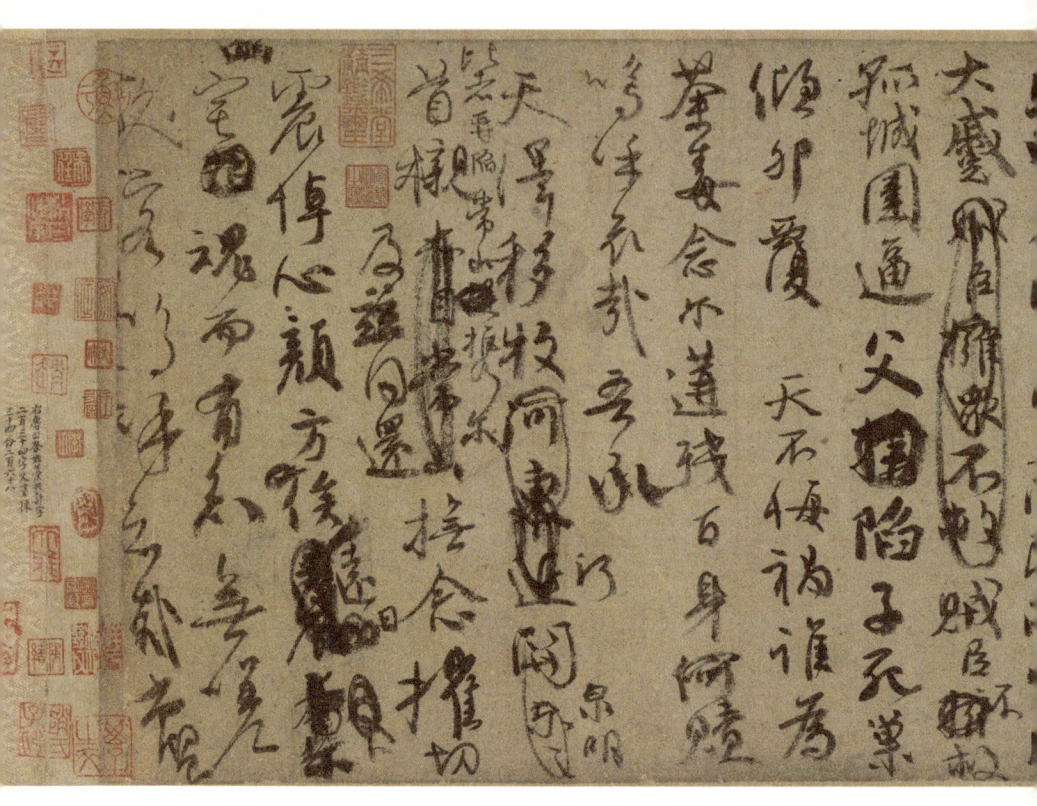

[文物档案]

帖名：《祭侄文稿》（全称《祭侄赠赞善大夫季明文》）

种类： 行书　　**作者：** 颜真卿

创作年代： 唐　　**规格：** 纵28.3厘米，横75.5厘米

材质： 纸本　　**现收藏地：** 台北故宫博物院

維乾元元年歲次戊戌九月庚
午朔三日壬申第十三叔銀青光祿
大夫使持節蒲州諸軍事蒲州
刺史上輕車都尉丹楊縣開國
侯真卿以清酌庶羞祭于
亡姪贈贊善大夫季明之靈惟
爾挺生夙德宗廟瑚璉
階庭蘭玉方憑積善每慰
人心方期戩穀何圖逆賊間
釁稱兵犯順爾父竭誠常
山作郡余時受命亦在平

【释文】

　　维乾元元年,岁次戊戌,九月庚午朔,三日壬申。第十三叔、银青光禄夫使持节蒲州诸军事、蒲州刺史、上轻车都尉、丹杨县开国侯真卿,以清酌庶羞,祭于亡侄赠赞善大夫季明之灵□("□"表示字不识,一释作"曰"字,一释作"今"字)。

　　惟尔挺生,凤标幼德。宗庙瑚琏,阶庭兰玉。每慰人心,方期戬谷。何图逆贼闲衅,称兵犯顺。尔父竭诚,常山作郡。余时受命,亦在平原。仁兄爱我,俾尔传言。尔既归止,爰开土门。土门既开,凶威大蹙。贼臣不救,孤城围逼。父陷子死,巢倾卵覆。天不悔祸,谁为荼毒?念尔遘残,百身何赎。呜呼哀哉!

　　吾承天泽,移牧河关。泉明比者,再陷常山。携尔首榇,及兹同还。抚念摧切,震悼心颜。方俟远日,卜尔幽宅。魂而有知,无嗟久客。呜呼哀哉。尚飨。

　　这是一幅用血泪写就的文稿。一眼看去,它也许是传世书法名作里字迹最乱的。但是如果你了解它背后的故事,再看那些苍劲的字,它们就像一颗颗铁钉,锥心刺骨,令人不忍卒读。它是被称为"天下第二行书"的《祭侄文稿》,全文共23行,235字,是唐朝重臣、书法家颜真卿追祭侄子颜季明的手稿。

　　"书至初唐而极盛",唐代的大国盛世气象浸染到艺术的方方面面,包括书法。初唐朝廷定书法为国子监六学之一,以书法取士,唐太宗李世民喜好并倡导书法,故而书法得到了极大的发展和繁荣,成为晋代以后的又一高峰,涌现出诸多对后世有深远影响力

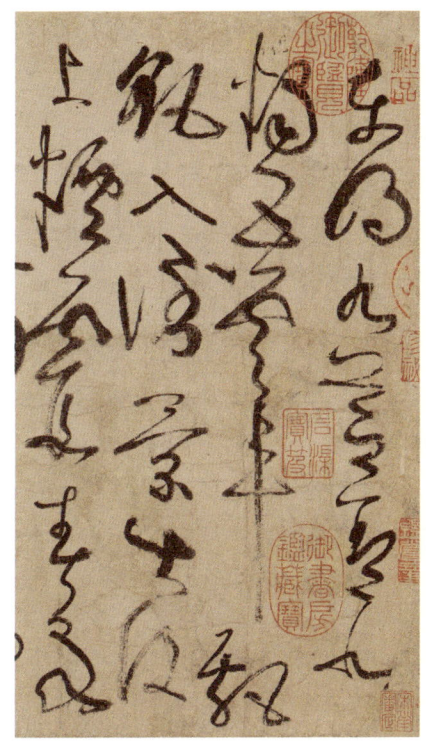

图1 唐·张旭《古诗四帖》(局部)
辽宁省博物馆藏

图2 唐·柳公权《玄秘塔碑》(局部)
西安碑林馆藏

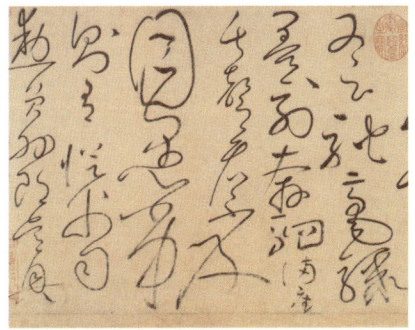

图3 唐·怀素《自叙帖》(局部)
台北故宫博物院藏

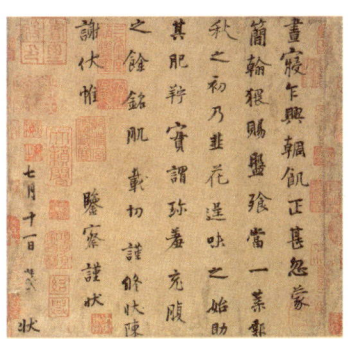

图4 唐·杨凝式《韭花帖》
罗振玉藏本

的书法家。

"唐初四家"欧阳询、虞世南、褚遂良与薛稷主要继承晋代尤其是王羲之的风格，而到了中唐及晚唐，开始摆脱晋风，进行改革创新。被称为"草圣"的"颠张狂素"——张旭（图1）和怀素（图3），将草书推到了后无来者的顶峰，有着如绘画般纵横的气势；颜真卿和柳公权（图2），则让楷书有了突破前人的进展。

颜真卿的书法以雄秀端庄、遒劲有力见长，它打破了书坛近四百年几乎一直为"二王"书法所笼罩的局面，摒弃了飘逸娟秀的审美，开拓了一种五岳三山般雄浑磅礴、多力筋骨的笔体。他独创的"颜体"与柳公权的书法被人称为"颜筋柳骨"，他与晚唐时期著名书法家杨凝式（图4）又被称为"颜杨"。

这幅《祭侄文稿》不拘书体，不计工拙，颜真卿以深厚扎实的书法功底，恣意挥洒着胸中的澎湃情感。那些屡屡出现的删除涂改，恰是他当时情绪激动、思如泉涌、手不能追的写照。他无法控制自己，只因他的亲人死得实在惨烈。

唐中宗景龙三年（709年），颜真卿生于京兆府万年县（今陕西西安）。他出身名门望族琅琊颜氏，五世祖颜之推已迁居长安。颜之推是南北朝时期的儒学大师，他书写的《颜氏家训》被后世奉为"治家之圭臬，处世之轨范"。也正是这样渊源深厚的家学与优良恪己的家训，养育出颜氏家族一副副不屈的傲骨。我们常常在戏文里听到的杨家将满门忠烈的故事，感人肺腑，而颜家刻写在史书汗青中的真实篇章，更加摧人心肝。

天宝十四载（755年），安史之乱爆发。突然遭遇叛乱，朝廷竟毫无抵抗之力，长安沦陷，玄宗西逃。颜真卿当时是平原郡（今山东德州市境）的太守，他早在安禄山谋反迹象显露之时，已经暗中加高城墙，疏通护城河，招募壮丁，储备粮草。表面上他每天与宾客驾船饮酒，麻痹安禄山，实则暗地里招抚地方的豪强大族，随时准备抵抗。十一月，安禄山在范阳起兵，河北郡县大多被叛军攻陷，只有颜真卿的平原郡防守严密，未被攻下。

当时颜真卿的堂兄颜杲卿任常山郡（今河北石家庄市境）太守。常山郡是安禄山的辖区，而颜杲卿还是安禄山举荐做的太守。可是大义在前，颜杲卿毫不犹豫地与颜真卿联手抗击叛军。两人形成前后夹击之势，颜杲卿负责在背面袭击。

颜杲卿将驻守在土门的安禄山部将李钦凑诱骗而来，李钦凑对他没有防备，喝得酩酊大醉。趁其酒醉，颜杲卿派部下袁履谦将李钦凑斩杀。深夜，袁履谦带着李钦凑的首级来见颜杲卿，两人相对垂泪，喜极而泣。李钦凑死后，土门收复。土门是镇守太行山最重要的关隘，形势开始好转。

颜杲卿发出讨贼檄文，宣告朝廷已经派了二十万大军出兵土门，同时派部将带着百骑人马，在马尾系上松枝向南奔驰，扬起漫天尘土，看到的人纷纷以为朝廷的大军真的到了，一时间深受鼓舞，士气大振，有十五个郡县的太守也杀死叛军守将，归顺了朝廷。安禄山听到河北的变故，立即派史思明率军北渡黄河收回失地。

天宝十五载（756年）正月，常山郡毫无过年的祥和热闹。史思明率领叛军已兵临城下。城内的守军与叛军寡众悬殊，颜杲卿向太原节度使王承业请求援兵，可王承业拥兵不救，袖手旁观。颜杲卿成了暴风雨中的一叶孤舟，只能昼夜防守，拼死作战。一轮轮的殊死搏斗下来,叛军的攻势越来越强,城里用来御敌的物资却越来越少,井水已经枯竭,粮食、弓箭也将要用完。

深夜月斜,颜杲卿又一次调整将士的部署后,向城门走去。那每天都要走几百次的台阶格外高陡,他步履沉重,登上城楼。望着城外黑压压的敌军驻营,颜杲卿知道,结局已经注定。颜杲卿看着身边的儿子颜季明,这个孩子自幼聪慧,有着芝兰玉树一般的品貌,这些日子一直在帮他和平原郡的颜真卿联络,陪他守城。如今,自己却是害了他。

颜季明读懂了父亲眼中的不忍,可他知道父亲纵然不忍,也绝不会让他先走,临阵脱逃。而他有着和父亲同样的热血铁骨,同样的家风传承,他的血液里亦没有"屈服"二字。他为父亲再次披上战袍,擂响金鼓。

那是他们最后一次相伴。

正月初八,冬雪纷飞,常山郡城破,颜杲卿、袁履谦被叛军俘获。叛军逼他们投降,可任凭他们如何威逼利诱,二人都毫不松口。最后,贼人把刀抵在了颜季明的脖子上:"你只要投降,我就饶他一命。"贼人不相信,颜杲卿会连自己儿子的性命都不顾,还是那样年轻俊美的一个儿子。

颜杲卿双目赤红,几乎要滴出血来,可他仍然不发一言。贼人问了三遍,都没有得到想要的答案,便又要挟颜季明向颜杲卿呼救。然而任贼人的刀在脖子上划出血痕,颜季明也只闭着眼不吭声。他等待着绝命的一刀。他知道父亲的选择,那也是他自己的选择。

叛贼终于没了耐心,手起刀落,颜季明的头颅掉了下来,洁白的雪地瞬间殷红一片，惨烈的场景让所有在场的人心碎。颜杲卿仰头望天，几乎昏厥。他痛恨叛贼的猖獗残忍，可他不后悔自己的抉择。为人臣子，忠诚与性命从来就无须抉择。

颜杲卿和袁履谦被关入囚笼，押送到洛阳。安禄山怒气冲冲地问："我提拔你做太守，你为什么要辜负我反叛我？"

颜杲卿怒目而向骂道："你本是营州牧羊的羯奴罢了，窃得天子的恩宠，天子又哪里辜负了你，你却起兵谋反？我家世代为唐朝大臣，坚守忠义，恨不能斩你以向天子谢罪，怎么可能跟着你谋反？"

安禄山暴怒，命人把颜杲卿绑在桥柱上，先砍掉他一只脚，又把他生生肢解，割下他的肉生吃。这个暴徒用最残忍的手段发泄着心里的愤怒。他本想着，只要颜杲卿求饶，就可以饶他一命。可他低估了颜杲卿的刚烈。

颜杲卿不肯屈服，全身血流不止，忍着剧痛继续怒骂乱臣贼子。安禄山彻底死心，让人钩断了他的舌头，愤愤道："看你还能骂吗？"

颜杲卿怒目圆睁，在含糊不清的骂声中以身殉国，时年六十五岁。

颜杲卿的幼子颜诞、侄子颜诩以及袁履谦，都被处以极刑。袁履谦先被截去了手脚，叛贼何千年的弟弟在一旁观刑，袁履谦含血喷在了他的脸上，惹得贼人更为残忍地对他施行碎割……之后，颜杲卿家三十余口人也被杀害。

两年之后，颜真卿多方派人寻找颜杲卿父子的遗体，颜杲卿的另一个儿子颜泉明找到了颜季明的头骨和颜杲卿的一只脚。面对

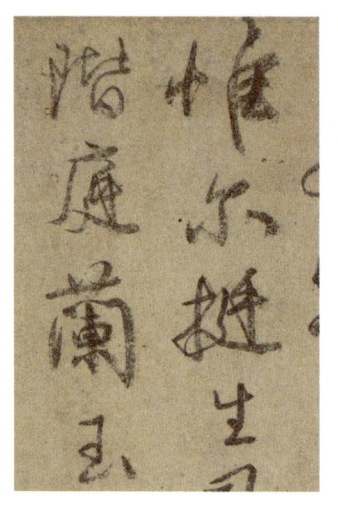

图 5　赞语笔法工整有力

图 6　追述战事,涂改较多

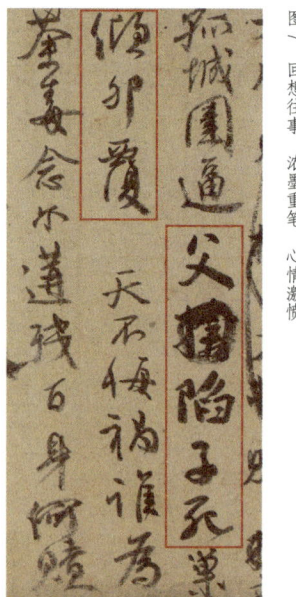

图 7　回想往事,浓墨重笔,心情激愤

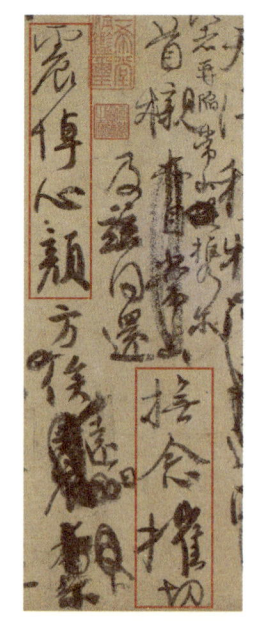

图 8　浓墨重笔,尽显悲痛之情

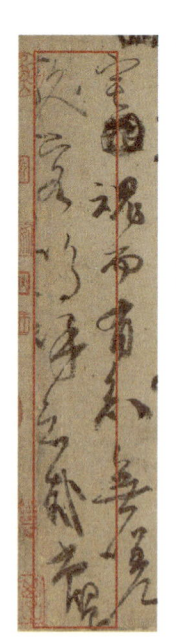

图 9　结尾狂草直书,字不成行

亲人的遗骸，颜真卿难掩悲痛，写下了这篇草木呜咽、忍泪含悲的《祭侄文稿》。

首句按祭文的格式，写了祭祀的时间、人物和对象。"乾元元年，岁次戊戌，九月庚午朔，三日壬申"，乾元是唐肃宗李亨的年号，乾元元年（758年）是戊戌年，九月的朔日（农历初一）为庚午日，初三为壬申日。即祭悼的时间为乾元元年的九月初三。"第十三叔"表明颜真卿与颜季明的关系，"银青光禄夫使持节蒲州诸军事、蒲州刺史、上轻车都尉、丹杨县开国侯"点明颜真卿的官职。此时，颜真卿的情绪还是平稳的，行笔稍缓，行书中间有楷体，雄浑端方。

接下来是对颜季明的赞语："惟尔挺生，夙标幼德。宗庙瑚琏，阶庭兰玉（图5）。每慰人心，方期戬谷。"颜真卿对颜季明有着极深的感情，这里的笔法一字一顿都工整用力，仿佛在用笔端沉浸式地描绘着侄子俊雅的容颜、高贵的品行。

之后是回忆常山之战，从"何图逆贼闲衅，称兵犯顺"到"爰开土门"（图6），追述收复土门前后的战事。对战争的不愿回忆，对兄长作战过程的用词斟酌，使得颜真卿在这部分涂改很多。

至后文"贼臣不救，孤城围逼。父陷子死，巢倾卵覆（图7）。天不悔祸，谁为荼毒"，想到因为王承业不肯出兵救援而导致常山郡城破，心情已至激愤，浓墨重笔，如高空坠石，又如晴空霹雳，震慑心魄。颜真卿胸中的痛楚和无奈跃然纸上。

再至"抚念摧切，震悼心颜"（图8），仿如风暴再起，乱石穿空，惊涛拍岸，悲痛之情喷涌而出。

而到结尾处"魂而有知，无嗟久客。呜呼哀哉。尚飨"（图9），已是狂草直书，字不成行，如狂奔浪涛一泻千里，达到了"无意于书而气贯天成"的境界。

全篇虽为行书，但字的形态时而楷，时而行楷，时而行草，甚至狂草相交融，字随意走，笔法圆转，笔势外拓，笔锋内含，力透纸外，具有"颜字入纸一寸"的典型特点。线条浑厚圆劲，造型沉郁古拙。结体宽博，平正奇险。它的章法看似无形实则有形，在情绪左右下，字里行间毫无雕饰，时而疏朗，时而紧凑。涂改圈点的地方很多，看似随心所欲，但整体章法随着心情奔驰汹涌，仿佛大河直下，一泻千里。也许当时颜真卿用的毛笔较为短秃，它的墨法渴笔较多，且墨色浓重而枯涩。情绪激动之下，他顾不得蘸笔润墨，急于令自己的悲痛诉诸笔端。全文只有七次蘸墨，甚至一笔墨写下了五十三个字，留下了干枯压痕，出现了难以控制的伤痛轨迹。通篇气势悲壮而挥洒自如，如泣如诉，如控如檄。其情激切，如斗士之临战阵；其意悲壮，若壮士之啸长风。

什么是珍贵的书法作品？像《祭侄文稿》这样，有深厚的功底做支撑而挥洒以最慷慨饱满的情绪，再注入悲壮的灵魂，注定会流芳千古。

颜真卿也许不会想到，写完这篇祭文二十多年之后，他会以同样决绝壮烈的方式追随他的兄长和侄子，续写着满门忠烈的故事。

大唐自安史之乱后，呈现日暮西陲之势。藩镇割据，叛乱不断。唐德宗建中三年（782年），淮西节度使李希烈叛乱称王。第二年，叛军攻破汝州。朝廷派颜真卿去李希烈叛军中传达劝降的旨意。

派一位七十多岁的老人,而且是身任吏部尚书、太子少师、鲁郡公的国之重臣"颜鲁公",深入虎穴与虎谋皮,举朝哗然。这是软弱的帝王被奸相卢杞蛊惑后做的荒唐决定。卢杞早已厌恶颜真卿的刚直。颜真卿曾告诉他,当年他的父亲卢奕在安史之乱中被杀害后,头颅被送到平原郡,自己不忍用衣物擦拭,用舌头舔净了其脸上的血。卢杞听后不但没有丝毫感激,反而恨之入骨。

众人都劝颜真卿不要去,他却义无反顾。他的家训里只有忠诚。尽管他也知道不可能完成劝降的任务,他只是朝廷无能的遮羞布。如果叛军不杀他,气势矮了朝廷一头;如果杀了他,叛军会更加失去民心、军心。

颜真卿抵达叛军军中,李希烈故意让一千多人聚集在厅堂内外给他个下马威。当颜真卿开始宣读圣旨时,那些人手里拿着明晃晃的尖刀冲上来,围住他又是谩骂朝廷,又是嘲笑威胁。颜真卿面不改色,照常将圣旨宣读完毕。李希烈不得不佩服。李希烈让颜真卿住进驿馆,逼他写信给朝廷,洗刷自己的罪行,颜真卿不从。

李希烈又想将颜真卿收为己用。他设下盛宴,请来同党朱滔、王武俊、李纳等藩镇的使者陪同。台上戏子们卖力表演,台下珍馐美味尽数摆上,一片热闹喧嚣的气氛。朱滔等人趁势故意对李希烈说道:"早闻太师名望高、品德好,您想当皇帝,如今太师来了,选人当宰相谁能超过太师?"

颜真卿凛然说道:"你们听说过颜常山(颜杲卿)吗?那是我的兄长。安禄山反叛时他首先起义兵抵抗,即使后来被贼人抓住,临死时还在口骂叛贼。我都将近八十岁了,官做到太师,又怎么会屈服于你们的胁迫!"众人面面相觑,面色尽失。此时台上的戏子正在唱着侮辱、攻击朝廷的戏文，颜真卿怒喝李希烈："你是皇帝的臣子，怎么能这么做！"说罢拂袖而去。李希烈颜面扫地，却也无可奈何。

叛军的攻势越来越烈，荆南节度使张伯仪率军意图收复被叛军占领的安州（今湖北安陆）时，全军覆没，张伯仪身中流箭，丢失了所持的旌节。李希烈命人把张伯仪的旌节以及被俘士兵的左耳割下来送给颜真卿，发须皆白的老人痛哭扑地，直到晕倒。醒来后，他只望着四壁，不再与人说话。

李希烈攻占汴州（今河南开封）后如愿称帝，派人来问颜真卿登基的礼仪，颜真卿幽幽地讽刺道："我老了，虽然掌管国家重大的礼仪，但是只记得诸侯朝拜国君，不记得别的。"

颜真卿像一块硬骨头梗在李希烈心里，杀了可惜，又无法招为己用。他威逼利诱，用尽方法，甚至挖了土坑假装要活埋颜真卿，架起柴火假意要烧死颜真卿。而颜真卿软硬不吃，铁板一块，毫不惧怕他的这些假把戏，甚至直接跳进火中求死，一旁的人赶忙把他拉出来。颜真卿从答应帝王来劝降的那天起，早已做好了赴死的打算。他给家人写信，命他们恪守家训，抚育好幼儿。他也写好了给德宗的遗书、自己的墓志和祭文。在他的信仰里，宁可死，不可变节。

直到朝廷杀了李希烈的弟弟李希倩，盛怒之下的李希烈终于动了杀心。兴元元年（784年）八月初三，秋风渐凉，李希烈派出以宦官为首的一行人，到了颜真卿的住所。他已经被李希烈控制了一年多，头发更白了，走路也蹒跚了，只有腰杆还是那么硬。

宦官趾高气扬："有诏书！"颜真卿心中怀疑，但仍然拜了再拜后接旨。宦官说道："应赐你死。"颜真卿问道："老臣没有完成任务，罪应处死，但使者何时从长安来？"宦官说："从大梁（今开封）来。"颜真卿立即怒骂："原来是反贼，哪来的诏书！"随即他被宦官用白绫勒死，享年七十六岁。

消息传来，三军痛哭，朝廷给他的谥号为"文忠"，对他忠心耿耿的一生做了肯定。忠骨埋入青山，化作泥土，延展浸入每寸山河的血脉，成为八千里路云和月的光华，成为中华儿女心头永远的朱砂。颜真卿像他的兄长和侄子一样，明明只是血肉之躯，却活成了轩辕灵台的祭献，活成了民族的钢铁长城。他的人和他的书法凝聚成了一体，字如其人，人如其字，雄阔浑厚，壮怀激烈。

《祭侄文稿》作为满门忠烈的见证，就这样被一代一代传承了下来，它成为历代书法家和收藏家的心上珍宝，上面钤满了收藏印章和题写的跋文。1949年后，《祭侄文稿》被带到了中国台湾，收藏于台北故宫博物院。

时至今日，《祭侄文稿》早已超出了一幅艺术作品的范畴。它不仅仅是一幅珍贵的书法墨迹，也不仅仅是一篇悲痛的祭文，它是两岸同胞心头共同的一滴眼泪，也是共同的文化根基、共同的民族魂魄。它是颜真卿家族满门忠烈的见证，**它是中华民族气节的象征，也是蕴藏在我们血脉里的一缕豪情，更是中华儿女继往开来的图腾。**

这是艺术作品的力量，这是民族精神的力量。

《张好好诗》
——晚唐梦华录,她比烟花易冷

靖江連碧虛唐土地試君
唱特使華蓮輔主公
顧四座始許末銜謝吳
興起引贊低僕告語
裏疑可為不浅過
吾罷禍於三不要油
一聲離鳳呼蟹絲逬
閑細響出管引圓蘆
泉者不絕逸衰之寧雲
儒主公再三歎謂之天
六珠贈之天馬解劘
以水犀梳龍泂秀秋
浪明月招東湖自大
每相見三日以為疎重
賀隨風滿航魅通

唐杜牧之张好 诗 集林比妙 上上

张好好诗 并序

牧大和三年佐故吏部沈
公江西幕好好年十三始
以善歌舞来乐籍中
后一岁公移镇宣城复置
好好于宣城籍中后二年
沈著作述师以双鬟纳
之又二岁余为沈阳东
城重觏好好感旧伤怀
故题诗赠之

春 绰 绰垂鬟渐掠巧
云步 转唐徐 诤辞
忽东下 笙歌随舳舻
霜润小谢城   沙堤
句溪 蒲身外忽尘土
 前且欢娱随
真仙客   讽赋
拥如拂之 玉佩载
小 云 润开小
远目高塔引弧
东来几岁 高
阳 江阳重相见
怜 今苍炉林 若
洞事 今少年生 颖
 掷今在 蕨石

【文物档案】

帖名：《张好好诗》　　　　　**种类**：行书

作者：杜牧　　　　　　　　　**创作年代**：唐

规格：纵28.2厘米，横162厘米　**材质**：纸本

现收藏地：北京故宫博物院

【释文】

　　张好好诗并序。牧大和三年佐故吏部沈公江西幕。好好年十三，始以善歌舞来乐藉中。后一岁，公镇宣城，复置好好于宣城藉中。后二年，沈著作述师以双鬟纳之。又二岁，余于洛阳东城重睹好好，感旧伤怀，故题诗赠之。

　　君为豫章姝，十三才有余。翠茁凤生尾，丹脸莲含跗。高阁倚天半，晴江连碧虚。此地试君唱，特使华筵铺。主公顾四座，始讶来踟蹰。吴娃起引赞，低徊映长裾。双鬟可高下，才过青罗襦。盼盼下垂袖，一声离凤呼。繁弦迸关纽，塞管引圆芦。众音不能逐，袅袅穿云衢。主公再三叹，谓言天下殊。赠之天马锦，副以水犀梳。龙沙看秋浪，明月游东湖。自此每相见，三日以为疏。玉质随月满，艳态逐春舒。绛唇渐轻巧，云步转虚徐。旌旆忽东下，笙歌随舳舻。霜凋小（此字点去）谢楼树，沙暖句溪蒲。身外任尘土，樽前且欢娱。飘然集仙客（著作任集贤校理），讽赋期相如。聘之碧玉

佩，载以紫云车。洞闲水声远，月高蟾影孤。尔来未几岁，散尽高阳徒。洛阳重相见，绰绰为当垆。怪我苦何事，少年生白须。朋游今在否，落拓更能无。门馆恸哭后，水云愁景初。斜日挂衰柳，凉风生座偶。□□□（洒尽满）襟泪，短章聊□□（一书）。

她有一个美丽的名字，好好。她出身教坊乐籍，这应当是她的艺名。为她起名的人，定是被她娇媚娉婷的姿容和骊珠婉转的歌喉折服，只能用两个"好"字形容无以言表的喟叹。

千年的光阴滚滚而逝。2022年夏天，随着电视剧《梦华录》的热播，"张好好"这个名字突然爆火。少男少女们爱极了剧中那个清醒自持的歌伎张好好，她是东京第一花魁，天子听她献唱，才子为她牵马。在那个以乐籍为贱籍的年代，她不以出身为耻，高傲地说出："靠自个儿本事吃饭，活得堂堂正正，正大光明。"她引起了人们的好奇，历史上真有这位迎着命运的逆流坦荡而上的女子吗？

北京故宫博物院藏的这幅书法作品《张好好诗》证实了她的存在。不同于《梦华录》的主角，真实的张好好并非生活在风雅繁华的北宋，而是居于风雨飘摇的晚唐。她曾如盛大的烟花一般绽放，绚烂了整个夜空，却倏忽而落。

晚唐的钟声敲响了末世的哀鸣，曾经万国来朝的大唐到了垂暮残年，朝廷宦官专权、朋党交争，地方藩镇连年叛乱，势力日益强大，整个社会动荡而流离。然而"商女不知亡国恨，隔江犹唱后庭花"，轻歌曼舞、丝竹管弦依然如旧，人们在末世里饮尽最后一滴狂欢，对即将到来的分崩离析麻木无睹。

大和三年（829年），江西观察使沈传师在洪州府的滕王阁设宴铺席，大请宾客。他听闻一位名叫张好好的歌伎色艺俱佳，时人称奇，故而特意邀请，一试清音。

洪州在汉代就已置郡，被称为"豫章"，在唐代改名洪州。故而诗人王勃在《滕王阁序》中写道"豫章故郡，洪都新府"，更描绘其景"落霞与孤鹜齐飞，秋水共长天一色"。滕王阁风景如画，高阁仿若云中倚天，窗外江流接入碧空。这一天，室内嘉宾云集，对即将到来的佳人拭目以待。

在吴娃的带引下，十三岁的张好好身着长裙姗姗来迟。她宛如新生的凤尾翠竹，又如水中的滴露芙蕖，就那么俏生生地立在那里，已是一道风景。管弦响起，张好好一开口，便压住了所有的伴奏，如同凤鸣般清丽的声音直入云霄，绕梁不绝，令窗外的美景都黯然失色。

众人仿若置身天籁幻境，久久沉浸回味，就连宴会的主人沈传师也惊叹地说："如此天籁，天下难寻。"宴后，他赏赐给张好好沙狐皮衣和水犀角制的梳子，以为嘉奖。

这个只能用"好好"形容的女子，惊艳了四座，其中包括一位叫杜牧的男子。

杜牧，字牧之，和李商隐并称"小李杜"，堪比盛唐的李白杜甫，因写就一首绝妙的紫薇诗得雅号"杜紫薇"。那是个多么玉质兰心、琉璃焕彩的男子啊。他左手执着剑，右手指着月，既恢宏又旖旎。

德宗贞元十九年（803年），杜牧出生于京兆府万年县（今陕西西安）的高门望族杜氏。当时有"城南韦杜，去天尺五"的说法，即城南的韦家和杜家，离天只有一尺五的距离，形容他们权势通天、地位煊赫。其中的杜家便是杜牧的家族。杜牧的祖父杜佑官拜德宗、顺宗、宪宗三朝宰相，封岐国公，并编撰了中国第一部典章制度专史《通典》。杜牧出生那年，正值祖父拜相。漫天的云蒸霞蔚、繁花锦簇是上天赐予他的贺礼，环拥着他度过了寒玉凝碗、绮罗诗香的幼年。

元和七年（812年），杜牧十岁的时候，祖父去世，大厦倾覆，父亲杜从郁不久也病逝，杜牧的家境急转直下，从锦衣玉食到负债累累。杜家在安仁里的三十间旧居，为了抵债而变卖，他们十年间搬了八次家，再也不复"去天尺五"的光景。杜牧和弟弟食野蒿藿，冬夜连蜡烛都点不起，只能在黑暗中默默记诵。

少年时期经历的沧桑巨变，深刻影响了杜牧的性格。名门世家熏染出他兼济苍生的胸怀，苦难磨砺激发了他齐家治国的热情，但自幼金鼎银杯、红袖翠钿的富贵，又浸淫出他放荡不羁、风流多情的性情和不善争取、遇事回避的风格。当太多矛盾集中在一个人身上无法协调时，拧巴和错过，注定是他人生的主色调。

杜牧十几岁时，正值唐宪宗讨伐藩镇，振作国事。于是杜牧在读书之余，热切关心军事。他专门研究孙子兵法，写过十三篇《孙子》注解，也写过诸多策论咨文。有一次献计平虏，被宰相李德裕采用，大获成功。

长庆四年（824年），荒唐的敬宗李湛继位，他横征暴敛，大兴土木。于是在第二年，二十三岁的杜牧写了一篇名震古今的讽谏政论《阿房宫赋》，这篇文章令他名震当时，至今都是中学必背的课文。

"六王毕，四海一；蜀山兀，阿房出"，此赋以雄奇的想象、瑰丽的辞藻将早已付之一炬的阿房宫推入观者的视野；而"灭六国者，六国也，非秦也。族秦者，秦也，非天下也"，又以振聋发聩的锋利引发千年的历史痛思。从此，长安无人不知《阿房宫赋》，无人不知杜十三。

少年成名，如着锦衣华服行走于闹市，志得而意满。杜牧富贵子弟风流倜傥的一面随之而现，他频繁出入烟花柳巷。他本就容貌俊美，《唐才子传》记载"牧美容姿，好歌舞，风情颇张"，再佐以才情，在秦楼楚馆中自受佳人追捧。然而纵观他一生为那些烟花女子所作的诗赋，他如《红楼梦》里的那位怡红公子般，对那些底层女子只有欣赏与怜惜，从未亵玩。他多情，却不薄情。

大和二年（828年），二十六岁的杜牧进士及第，并在同年通过制科考试，登贤良方正直言极谏科。杜家与沈家世代交好，于是在第二年，杜牧应沈传师辟召，赴洪州任江西团练巡官一职。

这便有了杜牧与张好好的初识。这一眼，便是沧海桑田。从此在张好好出现的宴会上，总少不了杜牧的身影。她在杜牧心中悠悠铺开了细密的根，抽出了嫩嫩的新芽，杜牧心中再无容纳其他人的缝隙。

而豆蔻年纪的张好好如何能抵挡像杜牧这般的才子呢？他如芝兰俊美，而他的才华，更如夜空中的繁星，难掩光华。晦暗粗粝的晚唐，因为有了杜牧，便如打翻了调色盘一般有了浓艳的颜色。有"霜叶红于二月花"的红，有"秋尽江南草未凋"的绿，有"牧童遥指杏花村"的粉，有"卧看牵牛织女星"的银，有"烟笼寒水月笼沙"的白，有了无尽的缠绵缱绻。这样的男子，任是无情也动人，何况他还温柔多情，看待贱籍出身的张好好从无一丝鄙薄，张好好得到了从未有过的尊重。这份尊重，纵然无法成为鹣鲽情深的缘分，也足可成为支撑她人生的筋骨。

于是他们在洪州城北的龙沙一同看过秋浪，在城南的东湖一同月下畅游。三天不见，已是分别极限。在爱情的滋养下，张好好一点点从稚嫩到丰满，完成蜕变，宛如明月逐日丰盈，又似春花点点舒展。

大和四年（830年）九月，沈传师调迁为宣歙观察使，杜牧和张好好随之赴宣城。于是在宣城的谢朓楼，又有了张好好清越的歌声。李白曾在谢朓楼写出著名的"弃我去者，昨日之日不可留；乱我心者，今日之日多烦忧"。杜牧的烦忧也在此间到来。

佳人的爱慕者从来不会只有一人，沈传师的弟弟沈述师捷足先登，向沈传师索要了张好好，纳其为妾室。沈、杜两家祖上交好，因此杜牧与沈传师兄弟都颇投契。沈述师当时的官职是集贤校理，著作郎，也被称为沈著作。他喜欢李贺的诗，还曾邀请杜牧书写《李贺集序》。

句溪水畔，西风多愁，吹不散月眉弯。杜牧在桥边吹起玉笛，身边却再无张好好的歌声为伴。她终于还是没有赴他最后一面之约，只托婢女为他带来一首诗："孤灯残月伴闲愁，几度凄然几度秋。哪得哀情酬旧约，从今而后谢风流。"相见又有什么意义呢？她是无法主宰自己命运的女子，嫁与谁做不得半分主。更何况与杜牧已相识数年，并未有个真正的结果，不如就此别过。

那夜的风格外凄厉，寒彻心扉。

沈述师对张好好出手大方，用双鬟（古诗云"一鬟五百万，两鬟千万余"）的高价将她从教坊脱籍，恢复她自由之身，又以碧玉佩为聘礼，用紫云车将她接回家中。这样盛大而隆重的荣宠，在教坊乐伎中难得而罕见。张好好迎来了她人生最荣光的时期。

原本意难平的张好好不再哀怨自嗟。得遇良人，是那个时代底层女子一生至高的追求。杜牧给不了她的，沈述师给了，张好好终是被打动。她以为从此后，她如星，君如月，夜夜流光相皎洁，可以成为夜空的永恒，却不知那短暂的辉煌比烟花还要易冷。

大和七年（833年）四月，沈传师因内召为吏部侍郎回到朝中。杜牧应淮南节度使牛僧孺的辟召，做了淮南节度使的推官，京衔是监察御史里行，负责节度使府的公文往来，移居扬州。他与张好好就此别过，再无音讯。

隋唐的扬州是天下首盛之地，秦楼楚馆尤繁。每当黄昏，九里三十步街中，万盏红纱灯亮起，迷蒙得宛如仙境。杜牧在此地如鱼得水，每日公务之后，便流连其中。他在满楼红袖中沉湎忘我，却再也没能寻到一个张好好。

扬州的春日，繁花满枝，香雪如海，步街两侧的珠帘尽数卷上，一个个云鬟珠钗的女子人比花娇。杜牧放眼望去，摇头叹息，她们终究抵不上豆蔻年纪的张好好。

大和九年（835年），三十三岁的杜牧被朝廷征为监察御史，回到长安。离天子近了本该是好事，但朝中李训、郑注倚仗宦官权势滔天，杜牧的两名好友也因得罪他们，一位被贬，一位辞官。杜牧对他们既反感又惧怕，主动申请分司东都，并于八月赶赴洛阳上任，因此躲过了那场血腥的"甘露之变"，免遭屠戮。

京洛多风尘，秋风卷着黄叶翻飞，扬起满地的沙尘，落寞的杜牧行走在洛阳城东的街头,忽然在一家小酒馆前看到一个熟悉的身影。他几乎不敢相信自己的眼睛,再三打量后终于确认,那位荆钗布裙、当垆卖酒的女子,正是张好好。

突如其来的重逢恍如隔世,前尘旧事如潮水奔涌,一时彼此凝视,相对无言。一番叙旧问询之后,杜牧难掩胸中酸涩感慨,提笔在麻纸上写下这幅《张好好诗》。

书法经历了盛唐和中唐的变革求新、精彩纷呈后,到晚唐,随着国力的衰弱,浑厚豪迈、激烈奔放的艺术风格也随之式微,书法艺术逐渐凋零,笔法衰绝,书法大家罕出,而杜牧是其中难得的亮色。他承接了晋代"二王"的遒力劲健,并结合南北朝笔法,形成了自己独特的风格。《宣和书谱》评价:"牧作行、草,气格雄健,与其文章相表里。"

《张好好诗》是杜牧书法现存的唯一真迹,为行书作品,是国家一级文物,曾禁止出国展览。全篇用笔以"二王"为宗,中侧锋并用,妍中有险,柔中有刚,是唐代习"二王"者中最深得精髓和韵致的。其中"高、殊、云"等字,源自王羲之《圣教序》,而"水、牧、低、弦"等字,有六朝风韵,丰厚古雅。(图1)

而杜牧用笔的独特奇绝之处,一是提按动作夸张。提则笔画清新灵动,按则质重浑厚,再佐以墨迹的枯润,便有无穷的变化。其

图1 杜牧用笔以"二王"为宗,又不失六朝风韵

笔画粗细对比强烈，却瞬间完成转换，足见其控笔能力的强大。如"赠""梳"等字，入笔重按，渐行渐提，精巧飞动。二是用笔徐疾对比强烈，有的平稳端正如楷书，有的灵动疾驰如脱兔。三是用笔方圆灵动，不拘前人法度。同时，杜牧独有的"沉肩"笔法，如"见""洞"等字，具有鲜明的个人特色。（图2）

图2　杜牧用笔独特奇绝

结体质朴，稳健中透露着姿媚奇趣，非常规的结体方式占到多半以上，或收或放，或大或小，正欹开合，都极尽变化却毫不突兀。

整篇章法一气呵成，从开始的清秀端正，到后期的挥洒自如、放纵多姿，书由心出，笔由心意，酣畅淋漓地体现了杜牧惆怅叹息又哀怨忧伤的心情。

而杜牧清丽缠绵的文风，更在诗中表现殆尽。首行题"张好好诗并序"，即这卷文字包括"诗"和"序"两部分。后九行为序，简要讲述了该诗的创作机缘、背景。此段杜牧在平静中追忆往昔，行笔稳重端秀，行间疏密整齐。

之后杜牧饱含情感地回忆了初见张好好时惊为天人的场景，他甚至还记得她的衣着发饰，"双鬟可高下，才过青罗襦"，她梳着双鬟发髻，穿着青色罗裙。最难忘的还是她的歌喉，"盼盼下垂袖，一声离凤呼。繁弦迸关纽，塞管引圆芦。众音不能逐，袅袅穿云衢"。她长袖垂下，如同盛唐名伎关盼盼，声音宛如凤鸣，令管弦乐器黯然失色。杜牧极尽其能，用最精致明丽的辞藻、刚柔兼济的笔墨，描绘着人生若只如初见。此时的笔法不自觉地雄浑有力，震彻心魄。

接下来，杜牧描写了他与张好好"自此每相见，三日以为疏"的情意及共同到宣城的经历。待写到沈述师将她纳妾之时，杜牧的笔法明显杂乱无序起来，字形忽大忽小，结体更加险谲，而枯笔屡屡出现，可见他因情绪激烈急于宣泄而顾不得蘸墨。如"月"字的倾斜，"尽"字的枯墨，"车"字的畸怪。（图3）也许此刻追忆，他更加生出"只是当时已惘然"的懊悔和不甘。

诗至尾声，是最触动心弦的时刻。"怪我苦何事，少年生白须。"他们在异乡重遇，未等杜牧启齿，她反而问他，先生怎么年纪轻轻，已经生出白发？有什么愁苦之事吗？所有世事沧桑、物是人非的惆怅飘零，一句问话足矣。

图3　笔法渐显杂乱无序

杜牧不知如何回答。朝中昏黯，友人被贬，沈传师故去，而他的前程，大唐的未来，都是一片迷茫阴晦，又如何说得出口？"□□（洒尽满）襟泪，短章聊□□（一书）（□为残缺字，从杜牧诗集《樊川文集》补全）。"只能暗暗洒泪，用这首诗来表达伤怀。这里杜牧的笔法凝滞而迟缓，一如他的心境忧郁而迷惘。

这幅作品到这里结束，张好好的故事也结束了。杜牧并未在诗中告诉后人，张好好为何会从沈述师的妾室而成为卖酒女。也许是张好好不愿诉说，也许是诗人不愿描述。后人多番猜测：有人说沈述师去世，她被沈述师的妻子赶出家门；也有人说，沈家败落，她与沈述师开了自家的酒坊——这是最美好的一种猜测，却是可能性最低的一种。而流传最广泛的说法，是张好好如大多从良歌伎的命运，新人笑时旧人哭，被喜新厌旧的沈述师抛弃了。《梦华录》中的沈如琢沈著作想必便是以沈述师为原型的，他们同是薄情著作郎。虽然张好好当时才十九岁，还远不到色衰爱弛的年纪，但爱情的消亡，又何曾按常理出牌？她的爱情太易逝。

残阳从柳树枯枝的缝隙中穿过，杜牧与张好好再次分离，只留下《张好好诗》相赠。他们并没有像传奇小说或影视剧，有鸳梦重温的续篇。也许是因为他们之间隔了新的人和事，也许只是因为历经沈述师，张好好不肯再将自己的余生寄托在另一个并不可靠的男人身上。

毕竟，杜牧是个终日沉湎于烟花之地的男人。他在扬州遍入青楼，写出"十年一觉扬州梦，赢得青楼薄幸名"。他在淮南与友人张祜"赌酒取姬"，因同看上一名歌伎而掷骰子行酒令分胜负，写出"骰子逡巡裹手拈，无因得见玉纤纤"的诗句。据说他在湖州看上一名十岁的女子，与她有十年之期的婚约，后因他晚到而女子嫁作他人妇，他惆怅写下《叹花》："自恨寻芳到已迟，往年曾见未开时。如今风摆花狼籍，绿叶成阴子满枝"。就在来洛阳之后，他还因看上兵部尚书李司徒家的歌女紫云，在宴席中不请自来，并借酒索要，写出"华堂今日绮筵开，谁唤分司御史来？偶发狂言惊满坐，三重粉面一时回"。

他也许爱张好好，却不只爱张好好。

张好好确如《梦华录》的主角那般清醒，她纵然被沈著作辜负、抛弃，也没有继续回到教坊以色侍人，而是大大方方在街边卖酒，靠力气吃干净的饭。这份超越时代和阶层的自尊自爱，也许正是当初杜牧的尊重给的底气，使她在烟花散场后，坦然面对平淡，而不会再次将自己轻许给他人，哪怕这个人是曾经渡过她的杜牧。更何况明慧如她，又何尝看不出《张好好诗》中除了追忆往昔的情爱，更多的是杜牧对自己的感伤？杜牧对她还剩多少余情？实在不值得一赌。

他们总是差了点缘分，曾经的繁华，曾经的心动，终究再也回不去了。

张好好之后的故事，无人能知，从她在诗中的坦荡来看，她大概已获得世俗的平静。就在杜牧与张好好重逢的那个冬日，朝中发生"甘露之变"，宦官进一步掌控军政大权，帝王形如傀儡。而"牛李党争"仍在继续，杜牧这个夹缝中的人被两方不容，只能继续投身风月之地逃避，而这又进一步令李党厌恶，甚至被贬黄州，仿佛一个矛盾的死循环。杜牧"平生五色线，愿补舜衣裳"的政治理想化为泡影，在郁郁中走完了五十年的短暂一生。传说张好好在杜牧死后到他的坟上自尽,不过这只是后人编撰的烈女还恩的故事罢了,清醒的张好好大抵是不会如此的。

世上的爱情,伤心一次已经足够。余事皆是。

《韩熙载夜宴图》

——潜伏在盛宴中的间谍与反间谍

【文物档案】

图名：《韩熙载夜宴图》　　作者：顾闳中

创作年代：五代 南唐　　规格：纵28.7厘米，横335.5厘米

材质：绢本

备注：原作已佚，现存宋代摹本，收藏于北京故宫博物院

这是中国十大传世名画之一，以生动细致、毫发入微的描绘成为中国古代人物画的巅峰之作。然而，它诞生之初并不是一幅艺术作品，而是一份神秘的政治谍报。它背后故事的主角，一位是画中的主人公韩熙载，另一位则是写出"问君能有几多愁，恰似一江春水向东流"的著名词人皇帝李煜。

五代十国的江南，逃不开时代下战火硝烟、颓靡哀伤的气息。初秋微凉，千里江山都浸染着清远的寒色，黄叶被风轻轻一吹，便脆弱地落到殿前的丹陛上，如同南唐不堪一击的国运。朝中可用之人寥寥，中书侍郎韩熙载博学高才，有济世之能，但名声不大好。他府中夜夜歌舞升平，人们说他嗜酒猖狂，纵情声色。

南唐国主李煜对他既想重用，又忌惮他的名声和"北人"的身份。他是否在以宴饮之名行网罗朋党之实？这令李煜十分头疼。于是在一个傍晚，李煜密旨派遣翰林画院待诏顾闳中到韩熙载的府邸去一探究竟。

韩熙载的府中依旧红烛高照，鼓乐齐鸣。顾闳中坐在一个不起眼的角落，留心观察着。前来的宾客有韩熙载的好友紫薇郎朱铣、太常博士陈致庸及新科状元郎粲等人，还有韩熙载的门生舒雅和僧人德明和尚等。此外还有一位翰林待诏周文矩也坐在暗处，想必是和自己有着同样的使命。顾闳中不禁慨叹，国主李煜果然多疑，无论任何事，都不肯轻信于一人。

那晚的宴会热闹非常，觥筹交错，轻歌曼舞，纸醉金迷，韩熙载甚至亲自擂鼓助兴，完全像时人评价的那般放荡不堪，难担重任，李煜实为多虑。

直到夜深月斜，酒醉的客人才纷纷被扶回家去。顾闳中回到家中,顾不得睡觉,秉烛夜画,将宴会上的情形一一描摹,以向李煜发出第一现场情报,便有了这幅绝世佳作《韩熙载夜宴图》。

与此同时,韩熙载府中,笙歌散后,深院又恢复了浸入湖底般压抑的寂静。韩熙载坐在院中的石凳上,对月浅酌。他并没有醉,他早已注意到今晚的宴会有两名不速之客。如果没记错,他们是翰林画院待诏,一位是素有过目不忘之名的顾闳中,另一位是周文矩。他们与自己并无交情,必是奉国主之命而来。他只好将计就计,配合他们的来意,自导自演,演一出好戏让他们回话。

韩熙载无奈地摇头叹息,他竟沦落到要用这种雕虫小技来躲避政事。想当年,他也是一个胸怀天下、一腔抱负的热血青年。

韩熙载,字叔言,唐末天复二年(902年)生于北海(今山东青州)。他出身北方望族南阳韩氏,父亲韩光嗣官至秘书少监。在名门世家成长起来的韩熙载如青松一般挺拔自信,豪情满怀。他自幼刻苦读书,擅长音律,精通书画,二十多岁就中了进士。如果身处盛世,他未来必当如鲲鹏一般展翅高翔。

可惜当时是五代后唐时期,天下四分五裂,政权更迭频繁,随时都会招来杀身之祸。由于卷入平卢节度使王公俨兵变事件,韩光嗣被后唐杀害。为了避免迫害,韩熙载一路乔装打扮,伪装成商人,从中原逃到吴地。

汝阴(今安徽阜阳)正阳镇是淮河的渡口,也是南吴和后唐的交界。从这里渡河,对岸就是吴国的地界。韩熙载的好友李谷正是汝阴人。掌灯时分,在一家不起眼的小酒馆里,李谷为韩熙载饯行。

韩熙载将杯中酒一饮而尽,豪气干云:"如果吴国能任命我做宰相,我一定能长驱直入,平定中原。"

李谷年轻气盛,虽然此时还没功名,但锐气不减:"中原如果能用我做宰相,取吴地就如取囊中物一般容易。"成语"探囊取物"便由此而来。

两个年轻人的对话宛如一场赌约。他们当时皆是踌躇满志,但此后的命运却向着截然不同的方向发展。

南吴顺义六年(926年)七月,韩熙载到了吴国,他向吴睿帝杨溥上了一个《行止状》,类似于投名状,文章毫无谄媚祈求之气,文采斐然,气势恢宏。他形容自己能"运陈平之六奇,飞鲁连之一箭。场中勍敌,不攻而自立降旗;天下鸿儒,遥望而尽摧坚垒。横行四海,高步出群"。他自诩不亚于六出奇计帮助刘邦平定天下的陈平。那时的韩熙载胸怀傲世之才,有远大的抱负宏图。

当时吴国掌握实权的是徐知诰,但直到徐知诰受禅称帝,取代南吴建立南唐,并恢复了自己的原姓,改名李昪,韩熙载也没有受到重用。原因也许是他孤傲狂放的性格,也许是他来自北地的身份。李昪任命他为"秘书郎"——一个管理书籍的小官,后至东宫文翰,辅佐太子李璟。

等到李璟做了皇帝,韩熙载的仕途终于有了起色。有多年的陪伴交情,李璟对他较为信任,任命他为虞部员外郎、史馆修撰、太常博士,负责掌管礼仪。韩熙载本就学问精湛,又因为李璟的知遇之恩,便毫无保留,积极参与朝堂之事。

他仿佛沉睡已久的醒狮,誓要有一番作为。他以大儒风度充实锤炼南唐的典章制度。他起草的诏诰文字典雅,有元和之风;他为李昪拟的庙号深得众人敬服;他对朝中仪礼不当的十几件事一一纠正,尽职尽责。韩熙载不仅文采斐然,也极具政治敏感度和战略眼光。契丹攻灭后晋,当时南唐国力强盛,韩熙载多次向李璟奏疏建议攻打北方。那是入主中原的最佳时机,一统天下指日可待。可惜李璟并没有采纳。

韩熙载风趣诙谐,在外交方面也多有智慧。后周派遣陶谷出使江南以探虚实,陶谷在南唐君臣面前容色凛然,宴席之间从不谈笑,显得道貌岸然。韩熙载洞察力过人,对亲友道:"陶谷并非端介君子,我有办法让他原形毕露。"于是他让陶谷以写《六朝书》为由,在驿馆里停留半年。然后让歌伎秦弱兰扮作驿卒之女,旧衣竹钗,每天早晚在馆驿洒扫庭院。秦弱兰容颜秀丽,即便在宫廷里也是少有的绝色。

陶谷果然被秦弱兰吸引,询问她的身世。弱兰楚楚可怜地说道,因为丈夫亡故,没有子女,只能回来投奔看守驿馆的父母。陶谷因怜生爱,果受诱惑,还赠了弱兰一阕艳词《春光好》:"好因缘,恶因缘,奈何天,只得邮亭一夜眠?别神仙。琵琶拨尽相思调,知音少。待得鸾胶续断弦,是何年?"一夜风流尽在词中。

几天之后,李璟在澄心堂设宴招待陶谷。陶谷依然正襟危坐,故作矜持。当秦弱兰袅袅走到席间,唱出那首《春光好》时,陶谷才知道中了计。慌乱之下,陶谷只好不停地饮酒掩饰尴尬,最后醉倒狂吐。

韩熙载的一个小计谋,令陶谷在南唐出尽了洋相,也因为这一外交桃色事件,陶谷再也没有受到后周的重用。

如果韩熙载能够如他所愿官拜宰相,南唐的命运也许会改写。可惜没有如果。

南唐的朝廷内斗一直很激烈,像一个无底的深渊耗尽贤良的力气。李璟的宠臣冯延巳,就是那位写了"春日宴,绿酒一杯歌一遍"的著名词人,为人谄媚险诈,与其弟冯延鲁、陈觉、魏岑、查文徽等人结党营私,买卖人口,懒政怠政,被人称为"五鬼",宰相宋齐丘也跟他们一党。韩熙载不畏惧"五鬼"的势力,公然嘲讽宋齐丘的文章"秽且臭",并上表弹劾宋、冯二人与陈觉、魏岑等结为朋党,祸乱国事。

韩熙载的作为引起宋齐丘、冯延巳等人的忌恨,于是宋齐丘亲自出面诬告,给不善饮酒的韩熙载安了个"嗜酒猖狂"的莫须有罪名。宋齐丘一党的势力很大,李璟只好将韩熙载贬出京师。在外好几年后,韩熙载又调回金陵,重任虞部员外郎。

在官场兜兜转转十几年,韩熙载又回到了起点。而当年与他饮酒作别的李谷却官运亨通,不断升迁。后周兴起后,李谷受到重用,一路加官晋爵,终于开始践行他"探囊取物"的誓言,磨刀霍霍,杀向南唐。

后周显德四年(957年),后周发兵征南唐。李璟派弟弟齐王李景达带兵抵御后周军队。然而对于李璟这种写出诗句"青鸟不传云外信,丁香空结雨中愁"的多愁善感的帝王,敏感多疑是刻在骨子里的。李璟身为长子,几个弟弟才能过人,对他极具威胁,他的帝位可谓险中得来。即便做了皇帝,为了稳定弟弟们在朝堂的势力,李璟曾在父亲灵前许诺皇位兄终弟及,并立了三弟李景遂为皇太弟。他让画家周文矩绘制了一幅《重屏会棋图》暗示继位的顺序(图1),那幅画也因此成为玄机重重的传世名画。

李景达当年也是和李璟竞争帝位的热门人选,李璟对他并不放心,又派了陈觉当监军牵制李景达。陈觉志大才疏,嫉贤妒能,是个祸害。韩熙载上疏坚决反对,他说:"亲莫过亲王,重莫过元帅,何必再任命监军使!"但疑虑是李璟心头的一根硬刺,他不敢把国家的大门完全交给一个人,哪怕那个人是他的至亲,和他有着共同的利益。

不出所料,寿州战败,南唐长江以北的十四个州都割让给了后周,李璟去帝号,称"国主",向后周称臣纳贡。韩熙载的一腔抱负,终究落了空。

建隆二年(961年),李煜即位,南唐的局面"虽未即亡,而亡形成矣"。任谁也无力回天。六十岁的韩熙载进入花甲之年,无

图1　五代·周文矩《重屏会棋图》(宋摹本)　北京故宫博物院藏

心也无力再像年轻时那般热血沸腾。更何况李煜继承了李璟的风花雪月、多愁善感，也继承了李璟的敏感多疑、犹豫不决，杀气还更重，对北地来的官员一旦有了疑虑，便狠心鸩杀。李煜虽然任命韩熙载为吏部侍郎，后进为兵部尚书、中书舍人，但困扰于他北方人的身份，一直若即若离，犹豫是否要予以重用。

而韩熙载也对南唐的未来不抱希望，他对好友德明和尚说："中原常虎视于此，一旦真主出，江南弃甲不暇，吾不能为千古笑端。"亡国的局势不言自明，即便再有为相的机会，他也不愿当亡国之相成为笑柄，索性放纵自己，蓄养伎乐，广招宾客，宴饮歌舞。可终究是意难平啊，他的心中依旧有对南唐即将覆亡的担忧，以及对自己时运不济的感伤，故而他的眼中总是充满忧伤，毫无乐趣，与周遭的繁华热闹格格不入。

尽管韩熙载如此自毁声誉，李煜对他仍然不放心，于是有了李煜派顾闳中前去刺探虚实的故事，有了《韩熙载夜宴图》的诞生。这次"间谍行动"没有谋杀，没有血腥，反倒成就了艺术史上的绝笔。

澄心堂内，李煜缓缓展开顾闳中进献的《韩熙载夜宴图》卷轴，被他精湛的技艺折服。

五代十国是绘画承前启后、精彩纷呈的黄金时期。绘画创作重心南移，以南唐和（前、后）蜀最为发达。后蜀孟昶设立"翰林图画院"，是中国古代历史上首次正式设立宫廷绘画机构。南唐紧随其后设立了画院，设有"待诏""祗侯"等官职，为皇家绘制各种图画，一批技艺精湛的宫廷画家应运而生，开启了中国古代绘画史上流光溢彩的"画院时代"。此时人物画中的释道画开始衰落，肖像画变得普遍，人物的形象刻画更加准确传神。山水画开始突起，有了雄浑壮阔的北派和蓊郁蓬勃的南派之分。花鸟画开始盛行，技法提高，注重写实。绘画逐渐摆脱了宗教和政治的束缚，成为崇尚自然、展示精神世界的有力凭借。

顾闳中便在南唐画院供职，他擅长人物画，因记忆超群、笔法细腻深受李煜器重。此次他不负所托，将韩熙载府中宴会的场景绘制得活灵活现。

顾闳中借鉴了《洛神赋图》的构图方式，采用散点透视，以屏风相隔打破时间界限，用五段先后的场景形成连环画一样的叙事长卷。

第一段是"听乐"（图2）。描绘了韩熙载和众宾客听教坊副使李嘉明的妹妹李姬弹奏琵琶的情形。每个人神情各异，惟妙惟肖。"画人难画手"，顾闳中精湛的技艺不但解决了这个难题，还别出心裁地用"手"去表达每个人的内心。韩熙载穿着黑色外袍，

图2 听乐

戴着他自创的"韩君轻格"纱帽，斜靠在榻上，手随意地垂着，符合他闲适放松的心情和主人无拘无束的身份。他身边的红袍青年是郎粲，他一手撑着榻，一手扶着膝盖保持平衡，将新科状元春风得意、意气勃发的情态表露殆尽。其他宾客朱铣、陈致庸及门生舒雅等，或凝视演奏者，或侧耳倾听，手拱立胸前，呈现全神贯注的姿态。李姬玉指轻捻，一抹一挑都拨动着观者的思绪。唯有她的哥哥李嘉明一直盯着妹妹的手势看，生怕她弹奏出错。

第二段是"观舞"（图3）。描绘韩熙载与人同乐的场景。舞伎王屋山跳起了唐代流行的"六幺舞"，也叫"绿腰舞"，白居易的《琵琶行》里就有"初为霓裳后六幺"的诗句。兴致大发的韩熙载脱下外袍，亲自擂鼓助兴，将宴会推至高潮。舒雅在一旁打板，其他人跟着热烈地鼓掌拍和。德明和尚姗姗来迟，双手似乎刚做完"合十"的动作。也许是"非礼勿视"，他背对着舞者，面向韩熙载，符合清修者的身份。

第三段是"暂歇"（图4）。击鼓之后，韩熙载穿上黑袍进到后屋，与乐伎们聚坐在床榻上休息。侍女端着盆服侍他盥洗。红烛明媚，乐伎们热烈闲聊，而韩熙载的目光游离在门外侍女抱着的琵琶和茶酒上。二、三段间没有屏风相隔，而是用外间的床榻起到分隔的作用。顾闳中巧妙地用韩熙载的目光关联，将床边的侍女划归到这幅图景中。

第四段是"清吹"（图5）。画面短暂松弛后又进入新的高潮。五名乐伎横坐一排，两人吹笛子，三人奏筚篥。各自手按吹孔的位置都不尽相同。一名男子坐在旁边打板。韩熙载换上了浅色的便装，盘膝坐在椅子上，袒胸露怀，一边轻摇扇子，一边同乐伎闲

图3 观舞

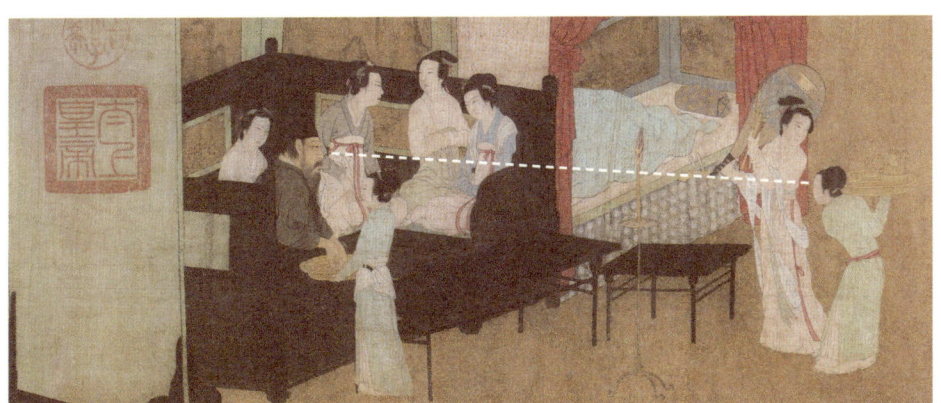

图4 暂歇

图5 清吹

图6　宴散

聊。闲适的感觉反映了吹奏的乐曲节奏舒缓。

　　第五段是"宴散"（图6）。宴会结束，宾客们陆续离开。还有宾客和乐伎或侍女们畅聊谈笑，或勾肩搭背，打情骂俏。韩熙载侧身而立，一手拿着鼓槌，一手抬起，好似在挥手告别，又似拿着鼓槌要做恶作剧。

　　全卷有四十六人之多，但总体布局疏密有致，宾主得当。中国古代绘画不像西方按远近的透视关系排布人物大小，而是按人物的主次、身份布局。故而主人公韩熙载身形高大，宾客次之，乐伎仆从更小。整体节奏宛如一首乐曲跌宕起伏。

　　画面线条凝练，圆润遒劲，大量运用了唐代的"铁线描"（图7），

图7　铁线描

并结合游丝描来表现衣服的起伏。史书记载韩熙载"美髯须",画中眉毛胡须的笔法"毛根出肉,力健有余",轻灵精细而不紊乱,有厚密蓬松的质感,如同从皮肤里生长出来一般。

画面色彩明丽,多处采用了绯红、朱砂、石青、石绿等色块,穿插着黑白,色墨相映,对比强烈,繁而不乱,艳而不俗。细节真实生动,帘幔的花纹样式及桌上摆的水果的数量,都力求精准。

全画最出彩的是对人物神采的刻画。以不同的角度在五段画面中给予韩熙载传神的描摹,他的脸上没有一丝笑意,总是双眉紧蹙,若有所思(图8)。

图8 韩熙载的面部表情

尽管韩熙载表现得放荡不羁，细心的顾闳中还是捕捉到了他眸中的忧愁。整个晚上他似乎从来没有快乐过，并不像坊间流传的那样纵情享乐。顾闳中对韩熙载生出叹息敬重之情，虽然他人微言轻，更不敢妄议朝政，但他要把真实的韩熙载呈现给李煜，希望国主能从中看出端倪，解除对韩熙载

图9 《韩熙载夜宴图》局部

图10 五代·周文矩《合乐图》 美国芝加哥艺术博物馆藏

的顾虑。风雨飘摇的南唐太需要人才了。

李煜细心观看卷轴,突然产生了疑问:第三段"暂歇"描绘的是韩熙载去内堂盥洗,顾闳中是怎么知道的?他不可能跟进去。

顾闳中惊出一头冷汗,幸好他做足了准备。他指着第四段"清吹"最左侧那个与屏风对侧侍女交谈的连鬓胡须男子(图9),那正是他本人。他向韩熙载府内的侍女打听后得知内堂情形,还花费了些许银子。伴君如伴虎,顾闳中是个心细如发的人,也是个记得保护自己的人。

李煜认可了他的解释,将"谍报"收了起来,暂时消除了对韩熙载的疑虑,但不知他是否看出了韩熙载的忧愁。另一名画家周文矩的原画已经失传,美术史论家林树中先生认为现存的周文矩的《合乐图》(图10),正是失传周文矩笔《韩熙载夜宴图》的部分,此为美术史上的悬案。

此后韩熙载彻底死心。一个能派出画师到当朝重臣的府上窥探隐私的荒唐君主，又能有什么作为？之后，韩熙载更加放浪形骸，宴饮歌舞，家财散尽也毫不介意。每到月俸花光，他就换上破衣烂衫，装成盲叟模样，手持独弦琴，令门生舒雅执板，敲敲打打，逐房向诸伎乞食。他也会向李煜上表哭穷，李煜虽然不满，有时也会把内库的钱赏赐给他。

韩熙载活成了大隐隐于朝的模样，嬉笑怒骂，无所求，无所畏。他在亡国在即的痛苦中煎熬，也在纵情声色的消磨中挣扎，最终难以找到出路。

宋开宝三年（970年）七月，韩熙载去世。人死方可盖棺定论，李煜追封韩熙载为左仆射、同平章事（宰相），可那对韩熙载已经没用了，对南唐的国运也没用了。而李煜的猜忌还在继续，他中了宋朝的反间计，处死大将林仁肇，那是南唐最后一道血肉屏障。

五年后，南唐灭亡。"四十年来家国，三千里地山河"，尽数拱手让人。当李煜被软禁在大宋高墙内的时候，他凄凉地写下"故国不堪回首月明中"。他也曾努力过，他也曾颁布很多政令让百姓安定，他也曾苦练龙翔军想守住国门，可为什么还是会沦落至"一旦归为臣虏"？《韩熙载夜宴图》也许就是答案。

猜忌是心上长出来的一根刺，会将信任刺得支离破碎，会将人心刺得支离破碎，最终将山河刺得支离破碎。

《寒食帖》

——从此后,他一边脚踩荆棘,一边放声唱歌

【文物档案】

帖名：《寒食帖》（又名《黄州寒食诗帖》或《黄州寒食帖》）

种类：行书　　　　　　　　作者：苏轼

创作年代：北宋　　　　　　规格：纵34厘米，横119.5厘米

材质：纸本　　　　　　　　现收藏地：台北故宫博物院

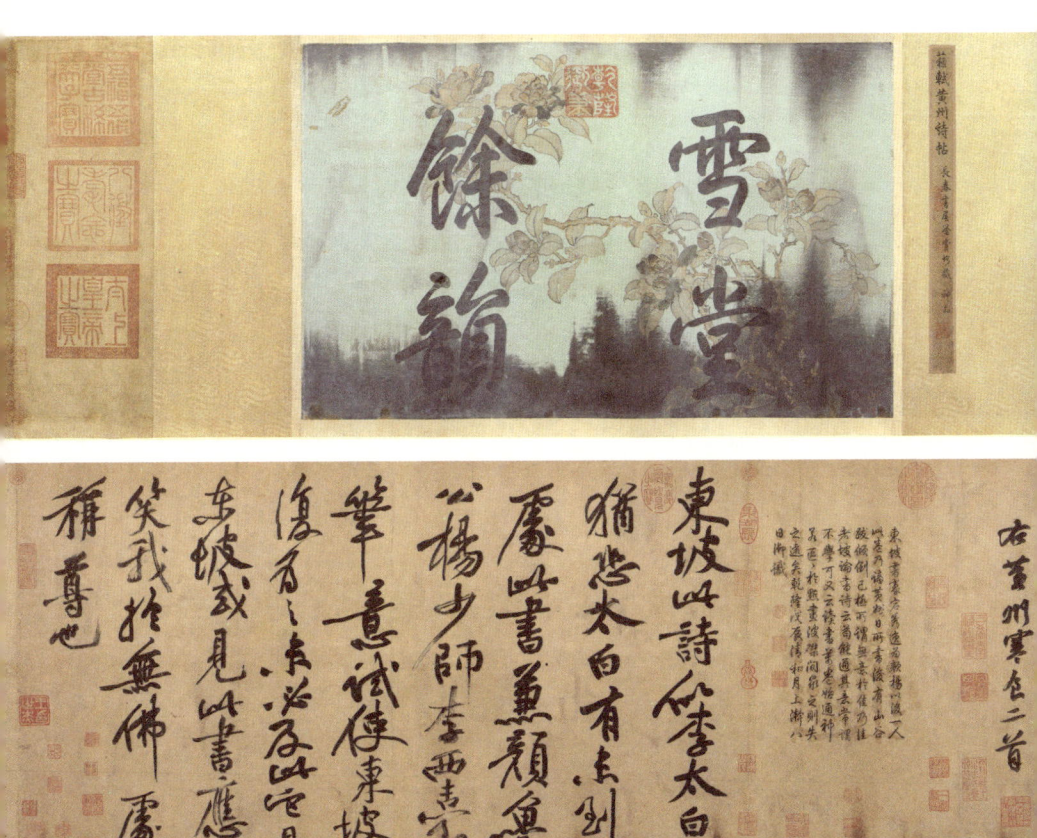

_147

【释文】

　　自我来黄州,已过三寒食,年年欲惜春,春去不容惜。今年又苦雨,两月秋萧瑟。卧闻海棠花,泥污燕支雪。暗中偷负去,夜半真有力。何殊病少年,病起须已白。

　　春江欲入户,雨势来不已。小屋如渔舟,蒙蒙水云里。空庖煮寒菜,破灶烧湿苇。那知是寒食,但见乌衔纸。君门深九重,坟墓在万里。也拟哭途穷,死灰吹不起。

　　《右黄州寒食二首》

　　这是被称为"天下第三行书"的《寒食帖》。乍看去,这幅帖中的字实在算不得美,甚至有点丑,字体忽大忽小,字形歪斜扁塌,布局随意凌乱,毫无一般书法佳作的工整、挺拔、美观。然而它被历代书法家、鉴赏家推崇珍藏,奉为旷世神作,书法家黄庭坚、画家董其昌、词人纳兰性德、乾隆皇帝都曾钤印题跋。

　　《寒食帖》究竟好在哪里?先从它的作者苏轼谈起。

　　在整个宋代文坛,甚至中国文学艺术的星空里,苏轼都是极其熠熠闪耀的。他全能而多才,从诗词文章到书法绘画,甚至连美食都无一不精。他的书法与黄庭坚、米芾、蔡襄并称为"宋四家",他的散文与欧阳修并称"欧苏",他的词与辛弃疾并称"苏辛"。苏轼如漫山挺直的劲竹,给文坛留下的多是豪迈旷达的清香。唯有《寒食帖》,那泛黄的薄纸上满篇写尽悲苦凄凉,见证着九百多年前,苏轼曾有过的伤痛和绝望。

　　少年得意,如上高楼听雨,有着红烛昏罗帐的绚丽梦幻,而无须看楼下潜伏的参差暗石。苏轼的年少时期便是如此。

宋仁宗景祐三年十二月十九日,即1037年1月8日,苏轼生于四川眉山一个在中国文坛举足轻重的家庭。苏轼与父亲苏洵、弟弟苏辙均列于"唐宋八大家",被称为"三苏",比肩建安文坛的"三曹"(曹操、曹丕、曹植)。

嘉祐元年(1056年),苏洵带着二十岁的苏轼、十八岁的苏辙赴京参加科考。第二年开春会试,苏轼以一篇《刑赏忠厚之至论》博得了主考官欧阳修的青睐,与弟弟苏辙同榜登科,轰动了京师。四年后,苏轼和苏辙又参加了制科考试,这是朝廷为了选拔更加特殊突出的人才设置的考试。苏轼中了三等,但前二等是虚设,此后百余年中的也只有四等,所以苏轼的这个三等堪称"百年第一"。

那年,他才二十五岁。张爱玲说,出名要趁早,来得太晚的话,快乐也不那么痛快。苏轼的声名来得早而痛快,他的才气深得帝王嘉许,他的率真吸引了众多挚友。文坛领袖欧阳修对他极力举荐,甚至连接班人之位也属意于他。他的人生,起步便在高山之巅,纵览山顶浮云奔流,以致看不到官场险恶、瞬息万变。

熙宁二年(1069年),宋神宗拜王安石为参知政事,实施变法,以改变北宋王朝国库空虚、军事孱弱、经济凋敝的现状。青苗法、募役法、保甲法等一系列变革措施的颁布,使朝野巨震。以王安石为首的变法派和以司马光为首的保守派的争执,渐渐演变成新旧两党的党争之势。在这场硝烟弥漫的斗争中,旧党被打压,苏轼的恩师欧阳修、好友范镇致仕辞官,弟弟苏辙被贬到陈州,司马光被放外任……

与他们交往甚密的苏轼自然被认为是旧党一员,独自在朝堂的狂风巨浪中飘摇无依。然而他仍不懂得审时度势、韬光养晦,只知道直言极谏。他一封《上神宗皇帝书》,将新法逐条批驳。他其实并不反对改革,只是觉得王安石的变法太过激进,需缓缓图之。他言辞激烈的上表没有说服神宗,反而惹得新党将矛头对准了他。

京城无法容身,苏轼主动申请外任,到杭州任通判之职。继而又调往密州、徐州任太守。虽然第一次致君尧舜的梦想破灭,但他治理蝗灾,缉拿盗贼,抵抗洪灾,政绩卓著。他依然踌躇满志,既有"身长健,但优游卒岁,且斗尊前"的锋芒毕露,也有"西北望,射天狼"的热血豪情。

然而,党争的风波已蔓延朝野,并非身在地方就能两袖不沾云。新党中多有趁机打击异己、挟私报复之人,他们的目光仍然紧盯着千里之外的苏轼。

元丰二年(1079年),苏轼迁任湖州知州,即吴兴太守。那里碧水盈盈,丹桂飘香,是江南富庶的鱼米之乡、丝绸之府。苏轼给神宗写了一封《湖州谢上表》表达谢意。然而这封普通的上表被新党之人歪曲构陷,御史中丞李定、御史里行何正臣及监察御史里行舒亶,弹劾其中的几句"(陛下)知其愚不适时,难以追陪新进;察其老不生事,或能牧养小民"在讽刺新政,毁谤朝廷,说他"妄自尊大""衔怨怀怒""包藏祸心"。朝中那些对苏轼或积怨或嫉妒愤恨之人趁机一拥而上,一片"倒苏"之声。

七月二十八日,湖州的夏天已近尾声,朝廷派皇甫僎前来府衙捉拿苏轼，随行的两名御史台的捕吏，白衣青巾，面目狰狞。众目睽睽之下，他们把苏轼捆绑起来，在脖子上套上绳索，像驱赶一只狗一样，将他赶到船上。围观的百姓甚多，妻子来不及和他挥手作别，只有长子苏迈情急之下随着父亲一同进京照拂。从未有过的屈辱和恐惧，让素来豁达乐观的苏轼陷入了痛苦和迷茫。押解途中，苏轼又悲又怕，甚至一度想投水自尽，一了百了。

到了汴京，苏轼被关押在御史台监狱。御史台外多种松柏，常年栖息着许多乌鸦，所以也被称为"乌台"。苏轼因诗文获罪，故历史上称这起案件为"乌台诗案"。苏轼与外界失去了联系，只有儿子苏迈每天为他送饭。由于父子不能见面，他对苏迈说，饭菜送肉送菜即可，如果哪天朝廷定了他死罪，就送一尾鱼。

之后，苏轼被轮番审讯。新党李定、舒亶之流，收集了苏轼大量的诗文旧作搜罗罪证。他们抓着《山村五绝》《八月十五日看潮五绝》《戏子由》等诗文中的只字片语牵强附会，歪曲误解，指控苏轼讽刺新法，甚至有"不臣之心"，誓要置苏轼于死地。

起初苏轼并不认，但很快他都承认了。是否遭到刑讯逼供已经不言而喻。一位和他关在同一监狱，牢房只有一墙之隔的官员曾写诗道："遥怜北户吴兴守，诟辱通宵不忍闻。"《礼记》说"刑不上大夫，礼不下庶人"，人们常以为是对士大夫的特权，其实只因对身薄力弱的读书人，刑罚最容易屈打成招。

暑往寒来，苏轼已经入狱五个多月。隆冬时分，大雪纷飞。那天的饭，苏轼收到了一条鲊鱼。想到与苏迈的约定，他一直悬着的心终于沉入深井。人生到此终结了。

阴冷寒湿的监牢，四面都是冲不破的墙壁，他将再也看不见千里婵娟,再也不能"新火试新茶"。寒鸦凄厉的声音中,苏轼经历了至暗的绝望。他给弟弟苏辙写下两首绝命诗《狱中寄子由》,其中一首写道:

> 圣主如天万物春,小臣愚暗自亡身。
> 百年未满先偿债,十口无归更累人。
> 是处青山可埋骨,他年夜雨独伤神。
> 与君世世为兄弟,更结来生未了因。

然而,苏轼没有死。后来才知道,苏迈那天去筹钱,托人送饭,那人不知道鱼的约定,才闹出了一场乌龙,以至于苏轼经历了那场心路的绝境。

黄昏的宫中,神宗踏着风雪向太皇太后曹氏的寝殿中走去。太皇太后曹氏历经三朝,如今已病重沉疴。他去探望太皇太后,同时也是想解开心中的结。大理寺已经初判苏轼"徒二年[①]",但李定等人上疏坚决反对这个处理结果,认为太轻,起不到惩戒旧党的作用,应当处以极刑。

然而为苏轼求情的人非常多,苏辙自不必说,他愿意卸除官职换取兄长性命。宰相吴充、重臣范镇也纷纷上表,甚至连苏轼的政敌、已经罢相回到金陵的王安石也向帝王发出了灵魂拷问:"安有圣世而杀才士乎?"

在烛火绵绵的光晕中,太皇太后靠着床榻,未等神宗发问便

---

① 徒二年:拘禁并强制劳动两年。

说:"当年仁宗皇帝对我说,苏轼、苏辙兄弟是我为子孙得到的两位太平宰相。如今,你却要杀了他吗?"她目含深意,"听闻苏轼因为作诗进了牢狱,难道不是仇人中伤吗?即便他的诗文有过错,那也不是大罪。切莫因为冤枉失实、滥用刑罚而破坏了好不容易得来的安定局面啊。我已经病重不起了,这就算是我的遗言吧。"

这番中肯的话,终于让神宗知道了答案。他免了苏轼的死罪,将其贬为黄州团练副使,将"乌台诗案"销结。苏轼的一众好友都受到牵连,驸马王诜被削除官爵,王巩被发配西南,苏辙降职,司马光等十九人被罚铜。

身上的镣铐终于除去,苏轼走出监狱。经过一百三十天的关押,他的头发全白了,背也弯了。所幸的是,他还活着。元丰三年(1080年)正月初一,苏轼和儿子苏迈一起,顶着风雪,离开了汴京,前往黄州。

黄州远离京城,是巴山楚水凄凉之地。团练副使是个虚职,苏轼是犯官之身,一举一动都被人监视着,甚至没有安身之处,只能寄居在定惠院中。不久之后,苏辙把苏轼的家人带来,经历了生死劫难,一家人终于团聚。苏轼找了江边一处废弃的驿站临皋亭和家人居住,虽然狭小潮湿,好歹有个栖身之所。

然而一家二十多口人的生计还是问题,微薄的薪俸完全不够全家每月四千文的花销,"俸入所得,随手辄尽"。苏轼的一位好友马正卿恰好在此地为官,看他生活艰难,便在城东的小坡上给他批了一块地,有五十多亩。握着笔杆治理一方、书写诗文的手,如今要拿起锄头开荒种菜才能果腹。苏轼把这块地叫作"东坡",而他自称"东坡居士"。苏轼在东坡边上又盖起了五间农舍,房屋建好的时候,恰好漫天大雪,苏轼大笔一挥,给自己的农舍题名"东坡雪堂"。

那时的他,如雪地般寂寞清冷,他开始自我对话和反省。仕途遭遇低谷,险些搭上性命,而朋友们对他避之唯恐不及。他给昔日好友写信,却没有收到一封回信。他心中一片悲凉。

到了元丰五年(1082年)的寒食节,这种悲凉的情绪积攒到了极限。

寒食节本就是个令臣子伤心感怀的日子。忠臣义士介子推直到被烧死绵山,才真正被他"割肉啖君"的对象晋文公所理解,禁火纪念。此时,同样伤心的苏轼看着窗外阴雨绵绵,乌鸦叼着纸钱飞过,而前几天从小带他长大的乳母也去世了。苏轼心中悲凉无限,作了两首寒食诗,后书写下来,被人装裱成为《寒食帖》。

书法经过晋、唐时期,已在笔法、结构、章法等有形领域发展得成熟而完美;到了宋代,以文人学士为主的书法家,在继承晋唐笔法的基础上,注重书写的精神意趣,使书法成为"写意"的载体。《寒食帖》是苏轼的无意之作,起承转合却都是"我手写我心"的尚意书风。

第一首"自我来黄州,已过三寒食。年年欲惜春,春去不容惜",开篇情绪尚且平稳,笔势瘦劲俊发,字形较小、书写流畅。"年"字的突然放大,表达出苏轼对时光逝去的愁苦。叠字"年年"以及两个"春"字,第二个字都用一点简洁地代替,符合苏轼简洁潇洒的风格。(图1)

"今年又苦雨,两月秋萧瑟。卧闻海棠花,泥污燕支雪。"

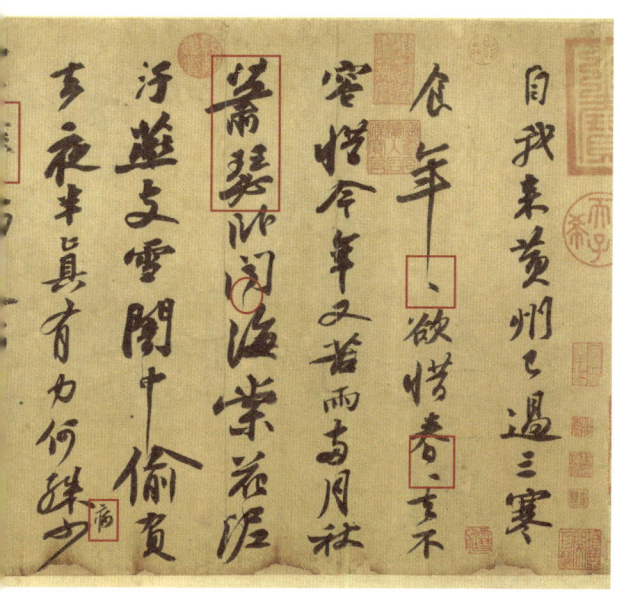

图1 《寒食帖》上的第一首诗

图2 两字之间以细丝牵连

今年的雨连绵不断,如秋天般萧瑟。在愁卧中听说海棠花开了,凋落在雨中被泥淖污染掉胭脂一样的颜色。从第四行"萧瑟"开始,情绪渐起,笔势加厚,字形增大。"闻"字中间的一笔缠绵婉转,"花"和"泥"之间以细细的牵丝相连(图2)。台湾作家蒋勋解读"花""泥",认为做花就娇贵,而做泥就卑微,苏轼在此刻勘破一切,花、泥就如他自己,他接受了人生从花坠落到泥的过程。

"暗中偷负去,夜半真有力。何殊病少年,病起须已白。"这里化用了庄子的典故,时光在夜半时分将春光偷偷背负而走,正如少年病起后须发皆白。这里苏轼原本写的是"少年子",后来改成"病少年",将"子"字右侧点了四点表示删除,在"少"字右上方添了一个"病"字。从这里也能看出苏轼与颜真卿的不同,颜真卿修改是刚直地用圈圈掉,而苏轼多了点温柔。这也是他的处世方式。

第二首诗仿佛另一个乐章,激情奔腾,高潮迭起,浩浩荡荡。

"春江欲入户,雨势来不已。小屋如渔舟,蒙蒙水云里。"春江水几乎要涨进屋里,雨没有停歇的迹象。家中的小屋像一叶渔舟,在蒙蒙水云里漂荡。这里字迹渐大,排布紧密,有一种空间上的压抑之感,"势"字带着仿佛漫天的雨水铺面而来的窒息,让观者也随之压抑沉闷。

"空庖煮寒菜,破灶烧湿苇。那知是寒食,但见乌衔纸。"空荡荡的厨房煮着冷菜,破灶里烧的芦苇还是湿的。看到乌鸦衔着纸钱飞过,才知道是寒食节。"破灶"两字最大最突出,而且字形压扁,用到了毛笔的笔根,把作者的穷途末路和内心凄寒倾泻无遗。"纸"字采用了上下结构,一条中锋劈空而出,锋尾指向了下文的"君"字。

"君门深九重,坟墓在万里。也拟哭途穷,死灰吹不起。"《晋书·阮籍传》中说,阮籍驾车出行,不走大路,随意而走。走到穷途末路,就放声大哭而返。苏轼也想像他那样大哭一场,可是心灰意冷,连哭都哭不出来。这里"君"字很小,如果说"乌台诗案"之前,君王在他心中的地位和分量很重,那么之后,他已经生出君臣不过是梦幻泡影一场的感慨。末尾的几个字犹如末路绝唱,不讲究法度,只随心境。(图3)

苏东坡的书法特点结体多为横扁,黄庭坚戏称为"石压蛤蟆

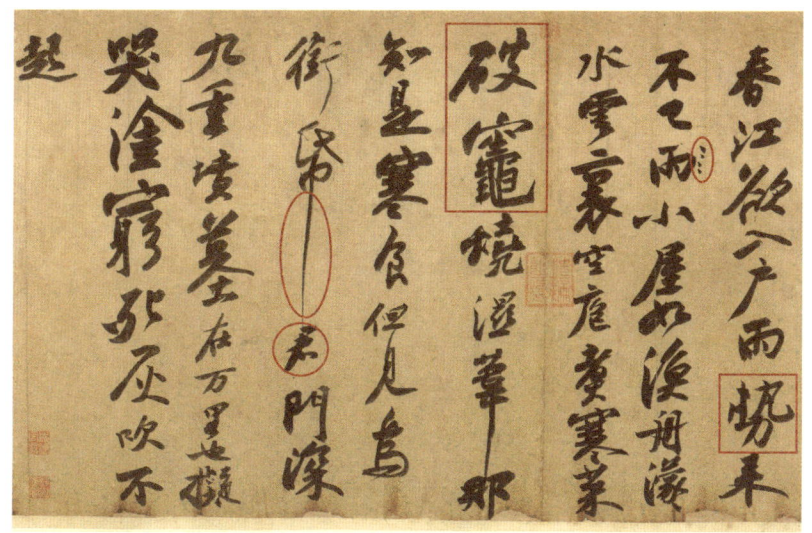

图3 《寒食帖》上的第二首诗

体",因为苏轼写字喜欢把手腕按在桌上,单字的右侧不易开展,形成"左秀右枯"扁侧的字形特点。《寒食帖》便有这样的结字特点,但又有着与苏轼以往字体截然不同的气韵,不再是肥厚倾侧,而是大小错落参差,动感十足,随着写作的心境自然变化,墨色饱满,一气呵成。正如苏轼自己说的**"书无意于佳乃佳尔"**,不过度去追求意兴的完美反而成就了完美。黄庭坚叹为神品,并在其后书写跋文,与原诗合成"双璧",成就经典。

《寒食帖》是苏轼自"乌台诗案"以来所有悲苦心境攒聚后的爆发与倾泻。对于普通人来说,那个落寞至极的寒食节可能会成为压死骆驼的最后一根稻草,可对苏轼来说,发泄过后,他仿佛终于完成了自省的功课,然后如凤凰涅槃一样重生。**浮生太短,功名利**

禄不值得纠缠半生，不如伴一船风月，乘千里烟浪，驶向心中的大自在。 如果还有别的，就是踏踏实实为百姓做点事。

几天后，他便写出了"莫听穿林打叶声，何妨吟啸且徐行"。那年七月，他写下"大江东去，浪淘尽"。第二年，他写出了"一点浩然气，千里快哉风"。他的豪迈人生，从黄州真正开始。他在黄州挥起衣袖作别昨日，与今日对饮笑谈，为后人留下无数如明灯般的词句，为人生的彷徨暗夜点起畅达的萤火烛光。

又过了两年，神宗驾崩，旧党重新执政。苏轼被召入朝，累次升迁，直至礼部尚书。然而他发现，旧党的做派一如当年的新党，打压异己，将新法尽废，甚至要将新党执政期间打下来的西北领土以徒耗兵费为由再割给西夏。苏轼再次直谏，抨击旧党的腐败。于是苏轼也被旧党不容，屡遭诬告陷害。无奈之下，他再次申请外任杭州。几年后，新党再次执政，将苏轼贬谪到岭南惠州犹嫌不足，又将他放逐到儋州（今海南）。这个惩罚在当时仅次于死刑。

苏轼被旧党和新党都不容，爱妾王朝云笑称他"一肚皮不合时宜"。他只哈哈大笑，他跟随的从来不是党阀，不是政治投机，而是心中的道义公理。至于个人的功名荣辱，早在那个寒食节就已勘破。

浮名可换浅斟低唱，也可换成为政一方。流放对苏轼来说不是惩罚，只是换个地方关心百姓的冷暖饥寒，用腹中才华换取一方的长治安居，再用美食快慰自己。

在杭州，他疏导西湖淤塞，建造堤堰闸门。百姓感谢他的功绩，将由挖出的淤泥筑成的堤坝唤作"苏公堤"，满堤的烟柳今日仍在摇曳当歌。而百姓自发送他的猪肉，也被他做成了美味的"东坡肉"，至今还在惊艳后人的味蕾。

在惠州，他传播先进的插秧技术，建造水碓水磨，改善农耕。为了修建浮桥，便于民众出行，他将皇帝御赐的犀带捐出筹款，还写信向弟弟苏辙求助，苏辙收信后捐出了御赐黄金。当地的丰湖因苏轼成为另一个西湖，绿荫环绕的白鹤峰居屋里，他吃着荔枝，满足地吟出："日啖荔枝三百颗，不辞长作岭南人。"

儋州当时是未开化之地，已是花甲老人的苏轼在那里开办学堂，传授知识，把中原的儒家文化经典带到了海南。文明经他拓荒后，便有人乡试中举。苏轼在食物匮乏的情况下发明了炭火烤炙生蚝，惊为美味，他幽默地写信告诉儿子，不要告诉朝中的人，免得他们来争抢。

苏轼说，"此心安处是吾乡"。即便是天涯海角的荒芜儋州，他也吟出"我本海南民，寄生西蜀州"。把他乡作故乡，不仅要习惯当地的饮食风土，更要把他乡的百姓当作故乡的父老去深沉地热爱。苏轼做到了，他如一捧温情的火种，随着足迹，把光热肆意散播，将儒家仕人"在其位谋其政"的理念落实到极致。

徽宗建中靖国元年（1101年），苏轼病逝于北归的途中，结束了他时运不济的一生。他一身经世才华，却被党争所累，屡遭贬谪放逐。幸而他有一颗皓月清风之心，**磨难之后没有消极遁世，亦没有随波逐流，反而玉汝于成，用一颗出世的心，入世地活着，活得热气腾腾、活色生香。**

这便是《寒食帖》的珍贵之处。没有谁是天生的乐天派，是它将才子苏轼锤炼为疾风劲草的苏东坡。第一行书《兰亭集序》是名贤雅士的潇洒,第二行书《祭侄文稿》是忠臣烈士的悲愤,皆是常人难以体察的情绪。而《寒食帖》传达的是千古士子及普通人遭遇的清锅冷灶、灰心绝望,但它以苏东坡的精神力量告诉我们,人生若有不如意,生命如逢低潮时,该如何度过。

《瑞鹤图》

——那是祥瑞,那是悲伤

【文物档案】

图名：《瑞鹤图》　　**作者**：赵佶

创作年代：北宋　　**规格**：纵51厘米，横138.2厘米

材质：绢本　　**现收藏地**：辽宁省博物馆

政和壬辰上元之次夕忽有祥雲拂鬱低映端門眾皆仰而視之倏有群鶴飛鳴於空中仍有二鶴對止於鴟尾之端頗甚閑適餘皆翔翔如應奏節往來都民無不稽首瞻望歎異久之經時不散迤邐歸飛西北隅散悤焉

北宋政和二年（1112年）的正月十六，汴京城内一片安宁。上元通宵的灯火绮香已随着烟花的余味散去，只余朱阁窗畔的几枝早梅，在料峭春风里微微摇曳。忽然，天空中出现了一道奇特的景观。阳光隐去，云团聚集，缓缓向下沉浸，和着缭绕的雾霭，笼罩在皇城的端门之上。一群洁白的仙鹤倏然而至，盘旋在宫殿上空，引吭鸣叫，翱翔徘徊。有两只还停落在宫殿屋脊的鸱吻上。路人纷纷仰首观看，并向仙鹤行礼叩拜。许久，鹤群才向西北方飞去。

宋徽宗赵佶站在殿前，望着天空中的仙鹤，大喜过望。这是他期盼已久的祥瑞之兆。他亲自挥笔，画下了这幅《瑞鹤图》。它融合了身为帝王的宋徽宗对国运祥瑞的渴望和身为顶级画家的赵佶对绘画工致富丽的追求，这幅图成了这位艺术皇帝传世的代表作，也体现了宋代院体花鸟画的至高水平。

作为国画三大画科之一的花鸟画，起源早于人物画和山水画。早在七千多年前的新石器时期，就有彩陶花鸟的纹样。但花鸟画的发展却较慢，直到魏晋南北朝时期，才有独立的画作出现。花鸟画在唐代独立成科并在五代得到重要发展，技法多样，流派纷出。到了宋代，在徽宗赵佶的推动下，花鸟画发展到了历史高峰，尤以院体工笔花鸟画为佳，它以工整精细的描绘和兼带写意的富丽风格，成为花鸟画史的一个里程碑。《瑞鹤图》是其鼎盛之作，主要由宫殿、祥云及仙鹤组成。构图大胆创新，让观者站在半空的位置平视空中的仙鹤。它独创性地融花鸟、建筑、风景为一体，打破了花鸟画的常规构图。屋脊横向将画面空间分为上下两个部分，恰好是黄金分割、视觉最和谐的位置。上方的天空占画面的三分之二，使画显得正大高远。下方三分之一是皇城宣德门，它端正置于正中，庄严耸立,均衡对称。此外,画面采取了罕见的正方形构图,加强了端庄、神秘的色彩。

画中仙鹤的描绘属于典型的"宣和体"。宣和是宋徽宗的最后一个年号,也是他追求的绘画境界。"宣和体"在造型上严谨准确,色彩上富丽鲜艳,还重视刻画对象的神似,强调作品的意境丰富和气韵生动。《瑞鹤图》中十八只仙鹤在宣德门上空回旋飞舞,形态各不相同。赵佶独具匠心地利用仙鹤颈部和头部的不同扭转姿势使它们身姿迥异,将仙鹤的整体美感最大限度地表现了出来。屋脊两旁的祥云和仙鹤飞行的方向起承转合,使得整个画面气韵流转,不拘一态。立在鸱吻上的两只仙鹤回首相望,左侧的仙鹤立足未稳,姿态生动。右侧的仙鹤稳立,扭头引颈高歌,与空中的仙鹤呼应,故事感十足,画面生机盎然。(图1)

图1 立在鸱吻上的两只仙鹤

赵佶用界画的笔法，工致地刻画了宣德门的屋脊。并用没骨画法，即不勾线条，直接涂色，细致地画出了鹤头部、脖颈和尾部黑红相间的羽毛，以漆烟勾线再染色的方法描绘仙鹤的喙和眼睛，周密不苟，形神兼备。

画面的设色浓丽而不失典雅。整体用石青色做底平涂渲染，有玉宇澄清、晴空浩渺的深远之感，映衬得洁白的仙鹤愈发高洁隽雅、飘逸灵秀。以黄敷色的祥云使画面光华灿烂，具有生动的感染力和视觉冲击力。不仅符合皇家的奢华气质，更使画面光华万丈，充满祥瑞之气。

赵佶用瘦金体于图后记述了仙鹤祥瑞的事由并题诗一首。末尾题字"御制御画并书"，表明是帝王命题，并亲自绘画书写。末尾是宋徽宗的花押（图2），因精巧独特被后人称为"绝押"，表达了"天下一人"的意思。《瑞鹤图》集诗词、书画、绘画、印章四种艺术形式即"诗书画印"于一体。这种由赵佶发明的绘画审美，直到今天仍然沿用。①

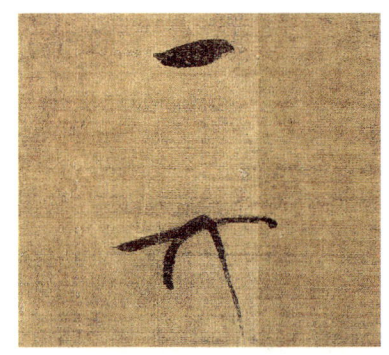

图2　宋徽宗的花押

《瑞鹤图》完成后，宋徽宗望着云集的仙鹤心满意足。二十

---

① 有学者考证认为《瑞鹤图》是画院高手代笔，但鉴于"御画"的题字及"诗书画印"齐备，暂还按传统的观点，视《瑞鹤图》为赵佶的真迹。

只，太过堆砌，其实是不符合构图审美的，他并非不知道。可是只有密集才足够突出天降祥瑞，才足够彰显他是天选之子，才足以驱散他的恐慌不安。毕竟他的皇位来得太凭运气，以至于他毕生都在追寻"祥瑞"，想以此证明什么。

宋神宗元丰五年（1082年），也是苏轼写《寒食帖》的那年，赵佶出生。传说在他降生之前，神宗曾到秘书省观看收藏的南唐后主李煜的画像，惊叹于其俨雅的丰姿。赵佶出生的时候，神宗再次梦到李煜，故而认为赵佶是李煜托生。

赵佶自幼爱好笔墨丹青，在书法绘画方面有着非凡的天赋。他对骑马、射箭、蹴鞠、点茶、奇石、瓷器、珍宝等都很精通，却对治世典籍没有兴趣。绍圣三年（1096年），赵佶被晋封为端王。按正常的轨迹，他的一生，应当是个风流俊雅、才华横溢的闲散王爷，每日品茗作画，欣赏奇石，写意人生。然而命运的推手总会出其不意。赵佶的哥哥哲宗英年早逝，没有子嗣，几个兄弟便成了皇位继承人的候选。赵佶是神宗的第十一个儿子，生母陈氏身份低微，他继位的可能性原本是极小的。然而赵佶凭借着诗书画艺的才名和温和恭顺的性格，在有决断权的向太后那里赢得了先机。即便宰相章惇以"端王轻佻，不可以君天下"为由反对，然向太后在枢密院曾布、尚书左丞蔡卞等大臣的支持下，仍然坚决地立赵佶为帝。

元符三年（1110年），赵佶就这样在运气的裹挟下，成为大宋的第八位帝王。然而皇帝的位子由一个性格软弱又爱浪漫幻想的人坐上，也许注定是场悲剧。

宋徽宗最初也想在朝政上有一番作为，他的第一个目标是处理党争。北宋新旧党争由来已久,朝堂乌烟瘴气,朝令夕改,百姓无所适从。徽宗打算建立一个联合政府,在两党之间平衡,终结这种争执内耗。他特意改年号为"建中靖国",并重用曾布,让他联合新旧两党。

一个空有一腔热情却无铁血手腕的少年天子,一个被指责为新法背叛者并无声望的老臣,如何能解决几十年的痼疾?树大根深的旧党继续攻击新党,并弹劾曾布两面三刀。联合政府的想法彻底破灭。美好的理想禁不起现实的当头棒喝。宋徽宗坐在龙椅上,看着朝堂上仍然争执不休的局面,心里涌上深深的无力感。缺乏为政的素养和锻炼,令他对政务没有应对策略,无法预判后果,更无法承担错误的代价。

为了尽快站稳脚跟,树立皇权,宋徽宗选择了处理政务更强、更加听话的新党。第二年,他改元"崇宁",崇尚"熙宁变法"之意,并任命蔡京为相,重用童贯、王黼等人,与旧党决裂,形成了自己的政权集团。同时,崇尚道教的宋徽宗在各地兴建道观,自称"道君皇帝",找道士看相算命,征集祥瑞异事,以神明的光环来消弭内心的自卑与怯懦,寻找着精神的支撑。

蔡京用狠辣的手段遏制了党争。他给司马光、苏轼等旧党成员扣上"元祐[②]奸党"的帽子,将旧党三百零九人拉入黑名单,并刻在碑上,立在殿门外及在各州县昭示,称为"党人碑"。对"党人碑"上还健在的官员打压迫害,关押流放。

很快旧党凋零,朝中再无反对的声音。蔡京继而推行了大规模

---

② 元祐:宋哲宗的第一个年号,当时旧党执政,严厉打击新党。

的盐业、茶业、钱业方面的经济改革，将茶引、盐钞的印发卖权收归中央；在杭州和福建明州地区设置了市舶司，对贸易船只收取关税；重新丈量土地并收取土地税。这一系列加强征敛的改革严苛强硬，但很见成效。蔡京担任宰相的第二年就消灭了财政赤字，国库有了大量盈余。

崇宁二年（1103年），宦官出身的童贯经蔡京的推荐，被任命为洮西军一地的监军，接连攻下湟城、宗哥城、都州、廓州、洮州等地，成功收复西北河湟故地，终结了吐蕃政权。

国库充盈，军威大振，摆在宋徽宗面前的俨然是一幅国泰民安的盛世图景。各地陆续报来祥瑞的征兆：村民在益阳山的小溪中捞出金子数百斤；太监在皇宫大树下发现人形茯苓；麦积山下，采药老人发现了三十八株灵芝；海州、汝州，山上的石头都变成了玛瑙、水晶……这样的祥瑞之兆令宋徽宗飘飘欲仙，仿佛已经立于梦想中"丰亨豫大"的盛世。

皇位坐稳之后，宋徽宗把对政治的热情转到了他熟悉的艺术领域，以一己之力扛起了中国文艺复兴的大旗。他在汴京的烟雨里，做了一场旖旎的艺术之梦，连带着让"宋"这个字都变得风雅浪漫起来。

书画是宋徽宗最大的成就，远高于他做皇帝的政绩，即便放在中国浩瀚的艺术史中，也是亮眼之作。他几乎全能，山水、花鸟、人物，无一不精。他的工笔花鸟画是院体画的巅峰，画花四季不同，鸟以生漆点睛，形神兼备，而他独创的瘦金体，突破了前人"行草篆楷隶"的定势，自成一种书体，锋芒毕露，断金割玉。他喜欢用瘦金体在画上题诗，双剑合璧，美不胜收。这样书画双绝

图3 北宋·（传）赵佶《芙蓉锦鸡图》 北京故宫博物院藏

的作品，除了《瑞鹤图》，还有《五色鹦鹉图》《芙蓉锦鸡图》（图3），都是传世之作。

宋徽宗不仅书画造诣精深，还致力于培养人才。崇宁三年（1104年），宋徽宗创办了史无前例的皇家绘画学院——"画学"，后并入翰林图画院。学官并举，完整而系统地培养绘画人才，并且将绘画纳入科举，以画取仕。宋徽宗亲自出题并监考，他的试题充满文人的意趣和老庄哲学的自由气质，诸如"踏花归去马蹄香""深山藏古寺""野渡无人舟自横""竹锁桥边卖酒家"等，而他评判的标准很高，不仅要考查画技，还要考查诗文功底和对主题意蕴的理解。比如"嫩绿枝头红一点,动人春色不须多",大多考生用绿叶中一点红花来表现春色,而高居榜首的一幅,画的是绿树环绕的楼阁中,有一侍女倚栏而立,樱桃小口与嫩绿的枝头相得益彰,从而别出心裁地点明了"红一点"的主题。他要的不是画工,而是画家。宋徽宗不仅是"画学"的院长,还亲自授课。一次,他命"画学"学生在屏上画孔雀图,却都不甚满意。他指出,孔雀如果升墩,必然先迈左脚,而学生画的是右脚,不够写实。他的要求严格而具体,工致为底,兼具气韵。

宋徽宗提升了画家的待遇,画家可以享受和同级别官员同样的待遇,如穿绯色官服、配鱼符等。这些举措给画院带来了新气象,培养出了大批如王希孟、张择端、李唐等有传世名画的画家。

宋徽宗的审美品位独领了千年风骚,至今仍是极简的典范。它不仅体现在书画上,还体现在建筑、金石、器物等方面。道士刘混康向他建议,将汴京的东北方向垫高,有利于皇家风水和绵延子嗣。宋徽宗便着手准备修建"艮岳"。艮是八卦中的东北方位,山之象。宋徽宗特意从苏、浙地区运来奇石太湖石,打造山水意境的梦幻园林。他选用太湖石的要求是"瘦、漏、透、皱、丑",给后世历代皇家及私家园林布景石材的甄选提供了标准。

在徽宗之前,宫中流行的是定窑的白瓷。然而定瓷有芒口,口沿无釉总是令人遗憾。宋徽宗在汝州置窑,将珍贵的玛瑙入釉,在底部垫上细细的支钉,便能满釉入色。"雨过云破天青处",那一抹如碧玉般温润的天青色,浸润了人心底的温柔,从此位列"五大名瓷"之首,从宋代珍贵到今天。

窗外雨潺潺,五更时分寒意侵袭,而稽琴的声音仍在宫中悠扬婉转。陪在宋徽宗身边的妃嫔们，叫着裘月里嫦娥、申观音、谢咏絮、李醉仙桃之类仙气飘飘的名字，陪他度过寂寂良宵，在大宋的雨声里做着缠绵悱恻的梦。而汴京樊楼里的名妓李师师，据说也在等着为他纤手破新橙。

阑槛钩窗之下，白纱轻幔，阶前翠绿的竹枝垂落下几滴昨夜的春雨，桌上天青色的汝窑瓶中插着一支淡粉色的早梅。赵佶手法纯熟地点茶、分茶，将碧色的茶汤分给他的近臣好友。那些人中，有宠妾灭妻的驸马王诜，有"北宋六贼"蔡京、童贯、朱勔、王黼等，也有道士刘混康、林灵素……他们欣赏着苏州应奉局送来的玲珑石，石型如蛟龙翻滚，顶上长有仙草，是难得一见的祥瑞。所有人都沉浸在繁花似锦的国运幻境里，不愿醒来。

宋徽宗看不到河南地区连年的蝗灾、湖北地区的干旱，弃子者"不可胜数"；看不到官员为了搜求奇花异石的"花石纲"惹得江南民众怨声载道；也看不到蔡京横征暴敛，搜刮民财，卖官鬻爵；更看不到童贯一手遮天，瞒报军情，架空朝廷。他听不到老百姓叫蔡京"公相"，叫童贯"媪相"；听不到孩子们的歌谣"打了桶（童贯），泼了菜（蔡京），便是人间好世界"。他只愿意看到、听到祥瑞的消息。比如大观年间，黄河三次出现河清现象。《运命论》言"夫黄河清而圣人生"，河清是莫大的祥瑞。宋徽宗和百官弹冠相庆，谱成新曲，树立石碑，歌功颂德。再比如政和二年（1112年），先是正月十六的仙鹤献瑞，接着有人在土里发现了大禹的玄圭，并进宫进献了这块黑色玉石。这些都令他相信，他的天下，海晏河清，繁荣昌盛。

自卑的沟壑一旦被填补，很容易膨胀成虚荣过度的自负。虚假繁荣令宋徽宗不满足于书画艺术的开创,还产生了建立千古一帝丰功伟业的渴望。童贯带兵攻打西夏,平灭三座城池而归,完成了神宗朝都没有的战绩;民间方腊起义被镇压,宋江起义也被招安,宋徽宗沾沾自喜,漠视战西夏时童贯隐瞒不报的伤亡,漠视起义背后压抑不住的民怨民愤,对童贯等人收复"燕云十六州"的建议怦然心动。

"燕云十六州"是后晋石敬瑭割给辽国的土地,是北宋百年渴望收复的失地。宋徽宗不顾群臣反对,与金国签订"海上之盟"共灭辽国,约定灭辽后金国把燕云失地还给北宋,但北宋要将原付给辽国的"岁币"转给金国。

这是一场毫无意义的战争和交换。归还的燕云失地被金人掳掠一空,宋还要给金国几万贯"岁币",同时把毗邻的国家从颓败的辽换成了虎视眈眈的金。

宣和七年(1125年),金兵南下,杀向汴梁。宋军早已不堪一击。前一刻还沉浸在盛世幻觉中的宋徽宗转眼就面临国破之灾,仓皇中他把帝位传给了儿子钦宗,听天由命。

靖康二年(1127年),北宋灭亡。徽宗、钦宗及一众妃嫔、皇室宗亲、近臣、各种工匠等一万四千多人,被押往金国。赵佶如李煜一般亡了国,却比李煜要悲惨万分。前方等着他的,是中国历史上旷古未有的奇耻大辱。

宋徽宗等被掳人员一路饥寒交迫、受尽屈辱,从燕京辗转到中京,再到金朝的都城上京会宁府。金碧辉煌的庙宇高堂上坐着的,是倨傲的金太宗完颜晟。

完颜晟命令将宋徽宗、宋钦宗及其后妃、皇子、公主等三千人,送往供奉金太祖完颜阿骨打的庙宇举行"牵羊礼"。朔风凄寒,乌鸦哀鸣,曾经的皇帝和宗亲,不论男女,被迫头裹帕布,袒露上身,披上羊皮,双手被绑上绳索,像一只只待宰羔羊一样被金人牵着在地上慢慢爬行,向金人的祖先行礼致意。行礼之后,完颜晟故意封宋徽宗为昏德公,封宋钦宗为重昏侯,行侮辱之举。这是帝王个人的耻辱,也是国家的耻辱。岳飞在《满江红》里愤而写道:"靖康耻,犹未雪,臣子恨,何时灭。"金人的残暴,徽宗和钦宗的懦弱,仿佛一把尖刀,在每个宋人的心口狠狠刻下了屈辱的记号。

"牵羊礼"之后,钦宗的朱皇后不堪折辱,投水自尽。而众多嫔妃、公主、宗亲等女眷被金军大肆瓜分。茂德帝姬赵福金是徽宗众多女儿中最美丽多才的一位,本已嫁给了蔡京的儿子蔡鞗,也被金人俘虏北上,不到一年,受尽侮辱虐待,香消玉殒。其他嫔妃、公主,包括宋高宗赵构的生母韦太后,被送进"浣衣院",那是专门收容宫女嫔妃以供金人"取乐"的地方。她们被明码标价,反复贩卖,像玩物一般。这些曾有着仙气名字的金闺花柳、冰肌玉骨,还来不及在大宋旖旎的梦中醒来,就已在金人野蛮的铁蹄下零落成泥,碾作尘土。

宋徽宗听到了妻女的哀号,但他没有勇气反抗。懦弱是他生命的底色,对这种境况,他逆来顺受,后来还生下了十四个子女。当康王赵构在临安建立南宋后,他甚至还在期盼祥瑞降临,能让他逆风翻盘。

然而好运已逝。八年后,宋徽宗不堪折磨,死于五国城,终年五十四岁。尸体被金人烧作灯油。那漫天的白鹤,终归是悲伤的梦一场。它们化为片片纸钱,变成了书画皇帝的挽歌。

民间分析,《瑞鹤图》其实是一幅不吉利的画。它早已预示了宋朝的灭亡。两只仙鹤分庭抗礼,意味着大宋要分北宋、南宋两段。空中飞翔的十八只仙鹤,九只向南,九只向北,意味着北宋九个皇帝,南宋九个皇帝。

这样的分析无疑是由果溯因。

但当年宋徽宗站在殿前所目睹的那群盘旋不去的仙鹤,纵然真的是天降祥瑞,最后也不过告诉我们,好运总会用完,**与其把命运交给祥瑞,不如握在自己手里。**

《千里江山图》
——只此青绿，天子与少年

【文物档案】

图名：《千里江山图》　　**作者**：王希孟
创作年代：北宋　　**规格**：纵51.5厘米；横1191.5厘米
材质：绢本　　**现收藏地**：北京故宫博物院

2022年的除夕之夜，一支名为《只此青绿》的舞蹈登上了央视虎年春晚的舞台。它的灵感来自名画《千里江山图》。一群盘立高髻、身着青绿汉服的女子，头饰如画中的山石，双袖下垂像是山的纹理，又如山间瀑布，用蹁跹的舞姿勾勒出如诗如幻的无垠山河。网友们纷纷说"太震撼，美哭了"，网评称赞它"以雅致清丽的中式美学营造跨越千年的梦境，激活了观众心里的传统文化基因"。

随着《只此青绿》的爆火，《千里江山图》掀开历史的尘封，倏然走入世人的视线。人们于是发现，惊艳世人的北京奥运会开幕式，也是以《千里江山图》卷轴的展开作为开场的。

《千里江山图》是一幅青绿山水画，诞生于山水画的巅峰时期——北宋。山水画是中国画所独有的科目，也是三大科之一，早在魏晋南北朝时期已有发展，但多为人物画的衬景，到了隋唐成为独立画科。至五代、北宋时期，山水画大兴，名家纷起，进入群星竞辉的黄金时期。

山水画分为青绿山水（金碧山水）、水墨山水、浅绛山水、没骨山水等。青绿山水比水墨山水发展要早，在隋唐时期已经成熟，

图1　隋·展子虔《游春图》　北京故宫博物院藏

以展子虔（图1）及李思训、李昭道父子为代表。青绿山水以墨色打底，用浓重的矿物颜料上色，明媚艳丽。根据青绿敷染的比例，又分为大青绿和小青绿。在青绿山水的基础上描绘金粉，则又成了金碧山水。

青绿山水到宋代逐渐式微，可就在此时，《千里江山图》横空出世，成为青绿山水的集大成者，并横贯古今，再也没有能超越者。元代著名书法家溥光赞它"在古今丹青小景中，自可独步千载，殆众星之孤月耳"，它与别的画相比，如同皓月比之群星。这个说法并不为过。它实在美得惊世骇俗，历经九百多年流传，为中国十大传世名画之一，收藏于北京故宫博物院。

然而如此炫目的作品，它的作者在画史上却是个名不见经传的毛头小子。他叫王希孟，作画时他只是个十八岁的少年，直至二十多岁英年早逝，他的一生只有这一幅画。他用短暂的生命创制了一幅瑰丽夺目的名作，也缔造了一段绘画背后的传奇。

宣和元年（1119年），汴梁的冬夜冷风呼啸，寒气逼人。宋徽宗赵佶坐在宣和殿内，暖香微醺，炉火哔啵，他的面前放着两幅画，一幅是令他拍案叫绝的青绿山水的天才之作，彼时还没有名字，清代乾隆之后，它被称为《千里江山图》。而另一幅画，他没有展开。更漏续续滴下，直到深夜，他把没有展开的画丢进了火炉，命人带上《千里江山图》，向翰林图画院走去。他答应了那个少年，再让他看一眼这幅画，而他也想再看一眼那个少年。

此时，王希孟被狱卒去除了枷锁，沐浴盥洗后，束上头发，换上了一袭白衣。他目光澄澈，双唇紧闭，跟着押解他的士兵向画院走去。他不相信皇帝真的要杀他。他们不是普通的君臣，他们曾经亦师亦友。

崇宁三年（1104年），热爱书画的宋徽宗建立了一所专门培养绘画人才的学校——"画学"，这是中国历史上唯一的一所皇家绘画学校。徽宗亲自任校长，老师都是书画名家，"宋四家"之一米芾就曾在"画学"亲自教导。"画学"三年一期，每期名额三十人。学生在这里接受最严格的绘画训练和丰富的文化熏陶，学成之后进行考核，如能通过，便能进入翰林图画院为官，继而走上御用画家的道路。

王希孟是"画学"的第二批学生之一，入学时只有十二岁。王希孟生于哲宗绍圣三年（1096年），自幼聪颖，记忆超群，精通诗书音律，还擅舞剑，在绘画方面更有着异于常人的天赋，只要看过一眼的东西，他随手就能摹画得毫无二致。可惜他出身寒门，而进入"画学"需要官员保举，他与"画学"本来是无缘的。

唐宋时期对天才神童极为重视，朝廷举办"童子试"，达到更广泛网罗人才的目的。《宋史》记载:"宋之科目,有进士,有诸科,有武举。常选之外,又有制科,有童子举,而进士得人为盛。"著名词人、太平宰相晏殊便是从童子试中脱颖而出、步入朝堂的。而徽宗对绘画天才有着执着的偏爱,宰相蔡京便投其所好,四处派人搜寻天下之玲珑少年。蔡京精通书画,据说"宋四家""苏、黄、米、蔡"中的"蔡"原本是蔡京,因其为人奸佞才改为蔡襄,但仅从书法而论,蔡京远胜于蔡襄。故而蔡京对徽宗的喜好把握得极其精准。当举荐人把王希孟的画作捧到蔡京面前时,他眼前一亮,不顾王希孟离"画学"的年龄门槛还差三岁,硬将他保举进去。

少年抬起眼眸,欣喜地看着眼前的一切,他魂牵梦绕的"画学"触手可及。华灯初上,夜色遮了朱雀门以北的皇城,市井的烟火气腾腾升起。月下的小石桥横卧汴河,河上水波粼粼,偶尔有小船载着歌女经过。王希孟开心地在桥上奔跑起来,衣袂飘飘,目光坚定,这里必当是他梦想起飞的地方。

三年的时间如白驹过隙,一晃而过。王希孟在"画学"度过了充盈的时光,他学习了绘画的专业课程,佛道、人物、山水、花鸟等,也学习了《文选》《尔雅》等儒家典籍。徽宗的要求引领了时代的书画审美,工致中兼带尚意,故而不仅要锤炼绘画技艺,更要夯实画家的内涵修养,因为这些是一幅佳作的底蕴和根基。

大观四年(1110年)五月,蔡京遭到御史张克公等人的联合弹劾,被贬为太子少保,到杭州居住。蔡京的罢黜,犹如将盘根错节的大树拔起,那些细小的根枝势必会跟着受到伤害。王希孟便是其中一个。在进入翰林图画院的"画学"考试中,技艺精湛的他落选了。

王希孟被召入禁中文书库，那里是存放税赋档案的库房。他的差事是对三司架库阁移交的档案进行登录、排架等，做些琐碎事务，也会用大纸做长卷，排行实写，写签帖，封记印。他与画画再无关系。

人生真的就这样了吗？只有十五岁的天才少年，怎么可能向命运低头？"低头"和"服输"不是他的性格，他要与苍天竞争。阳光穿过厚厚的书卷木架间隙，飞扬的尘土在细微的光束间沸喧，王希孟无视环境的晦暗，在文书库工作的间隙继续精进画技，专攻山水。

王希孟不断托人将画作呈献给徽宗。他坚信，徽宗是懂画之人，必然能看到自己。可是让帝王看到远比让帝王欣赏艰难，他的画如泥牛入海，送出去便再无回音，是否能到徽宗面前都未可知。王希孟仿佛暗夜的独行者，前路不见，后退不甘，只余孑然一身的孤寂。对绘画的热爱和对徽宗的期盼，是他唯一的灯火。

直到两年后的政和二年（1112年），王希孟才迎来转机。蔡京被召回京，再次出任宰相，封为鲁国公。他还记得王希孟，那个天赋极高、被他举荐到"画学"的孩子。于是王希孟的画终于有机会在徽宗面前被徐徐打开。飘逸灵动的画风，清隽秀丽的笔法，少年的才气隔着纸张扑面而来，淋漓尽显。徽宗捻须微笑，这样的天才百年一遇，只是还欠缺些工致。他决定亲自教导。

少年终于站到了天子的面前，为了这一天，他付出了五年的艰辛。初春的画院，桃李芬芳。少年英气勃发，眼神清澈无畏，天子并没有像民间传说的那般仪仗威严，只穿一件红色的家居常服，宛如邻家兄长。他们聊着书画，聊着山河，直到掌灯。

从此，王希孟时常出入禁宫，徽宗对其亲传心法，毫无保留。

他是天下除了徽宗的儿子赵楷外，唯一能被天子亲自传授画技的人。宋徽宗对绘画的审美要求极高，推崇写实为本的写意升华，无论山水、花鸟、人物，都需严谨工致，遵从规律，有实可依。王希孟在此处格外用心。

少年的天赋之高时常出乎天子意料。他聪颖灵动，举一反三，半年的时间画技已突飞猛进。少年还有着执着不屈的性格，苦心孤诣必须做到极致佳妙，决不将就姑且，令天子更加珍爱。才子之间不免惺惺相惜，他们不仅如严师高徒，也如挚交好友，一同品鉴书画，畅聊快饮。酒醉半酣，少年在月下随性舞起了剑，满眼都是灿烂的星河。

徽宗除了教授王希孟绘画技法，也教他从前人画作中汲取众长。他带王希孟去了秘阁，那里有他收藏的书画珍品数千件，早在端王时期他便致力搜罗，上至三国曹不兴，下至宋初黄居寀，悉数尽收。到宣和年间，他命人将这些书画编纂为《宣和画谱》《宣和书谱》等以飨千年的著作。王希孟何其幸运，他徜徉在画海中，近赏塞北的大漠苍茫、江南的烟雨孤舟、高山的壁立千仞、平湖的潭面如镜⋯⋯天下胜景都在面前，少年的眼神与呼吸都仿似凝滞其上。

当时恰逢徽宗遍寻体现他"丰亨豫大"盛世理想的山河图卷，王希孟豪情满怀，誓用半年时间为天子呈上一幅壮阔锦绣的千里江山图。徽宗看着踌躇满志的少年，欣然应允。他相信少年会给他一个奇迹。

王希孟向徽宗要了大尺幅的宫绢，将自己封闭在画院中开始作画。文书库的经历给他画高头大卷打下了控制画幅的基础，徽宗赏赐的各色宝石颜料源源不断涌入他的画室，石青、石绿、朱砂、赭石、珊瑚、砗磲……天子和少年携手共赴一场不计成本、不计代价的豪赌。

半年之后，又是桃李芬芳的四月，十八岁的王希孟带着《千里江山图》步入宣和殿。当近12米的画幅在众人面前展开时，青绿山水画的历史就此被改写，一幅十八岁少年的画作成为前无古人、后无来者的里程碑，成为中国青绿山水最耀眼夺目的存在。

《千里江山图》是一幅巨幅山水图，它采用散点透视，移步换景，描绘了连绵的山水。画中峰峦起伏，烟波浩渺，壮丽恢宏。山间高崖飞瀑，曲径通幽，房舍楼阁点缀其间。山水间野渡渔村、茅屋草舍、水磨长桥与山川湖泊互相辉映。全画浑然一体，无论怎样切割，均可成为一幅自成格局的顶级画作，堪为神作。

它的精绝之处首先在于设色，使用的颜料石青、石绿，是孔雀石、青金石等稀世宝石，历经千年仍不褪色，流光溢彩，熠熠生辉。山顶用石青、石绿铺色，分层晕染，山脚的沙石和平坡以朱砂和赭石打底，青绿相间而不失自然。连绵江水利用"网巾法"（图2）晕染，呈现出江水特有的丰富色彩。天空多用湿画法进行平铺，然后晕开颜色，将水天相接。此外以石绿擦点柳丛，用石青勾勒人物，色彩和

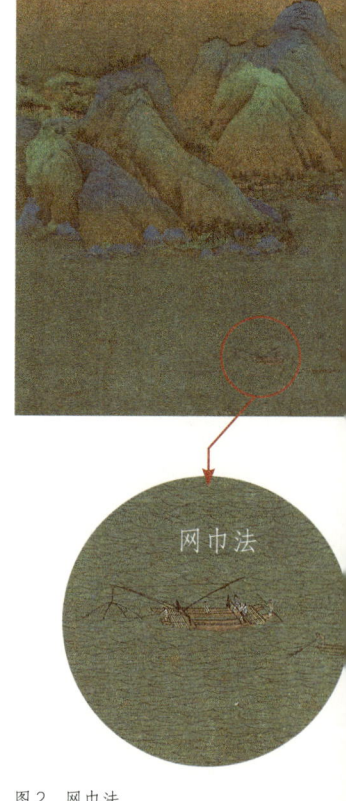

图2　网巾法

煦自然,却丰富瑰丽,摄人心魄。

画面的构图、笔法丰富至极。《千里江山图》的构图"三远"齐备,既有仰望峰指云端、壁立千仞的"高远"(图3),又有从近山眺望远山的"平远"(图4),还有从高处俯瞰万壑交错的"深远"(图5)。它的笔法打破南北界限,以南方山水多用的披麻皴、丁头皴为主,间有北方山水多用的斧劈皴。王希孟骄傲地包揽了几乎所有的技法,在丹青界掷地有声地展示着自己的无所不能。

《千里江山图》秉持了徽宗的教导,有着宋代院体画独有的工致,画风细腻,工整严谨,用笔精当,一点一画均无败笔。人物虽细小如豆,身上的服饰都是砗磲晕成,且动态鲜明,每个人的动作

图3 高远

图4 平远

图5 深远

图6 人物动态鲜明

都清晰可辨。(图6)微波水纹均一笔笔画出,渔舟游船荡曳其间,远观近睹均令人折服。

此画画面节奏起伏,韵律十足,意境优美,有可行、可望、可游、可居的空间意象,也体现了太平江山的意象。山石、林木分布有序,体现了君臣秩序;山势险要连绵却没有关隘城防,体现了太平盛世百姓安居乐业;碧波万里既暗示了季节,也是清明盛世的象征。雨霁初晴的江山生机勃勃,一如徽宗丰亨豫大的梦幻。

徽宗露出了满意的笑容,将《千里江山图》亲手赏赐给宰相蔡京。当日蔡京将画技尚未大成的王希孟送到他的面前让他调教,今日他以完美的画卷还赐予蔡京。徽宗意味深长地说道:"天下士在作之而已。"十八岁的少年只要努力精进,都能画成绝世佳作,何况一国之相?他暗示刚复职一年的蔡京,应如王希孟一般不计挫折,完成新政大业。

蔡京在画上郑重题跋:

政和三年闰四月一日赐。希孟年十八岁，昔在画学为生徒，召入禁中文书库，数以画献，未甚工。上知其性可教，遂诲谕之，亲授其法，不逾半岁，乃以此图进。上嘉之，因以赐臣京，谓天下士在作之而已。

说到未必要做到，蔡京深谙其道。

《千里江山图》之后，世上再无王希孟的消息。史书本就无王希孟的记载，只是从书画的题跋及轶闻野史中拼凑出了他的模样。有人说，《千里江山图》耗费了王希孟太多的心血，完成后他便身染沉疴，撒手人寰，而更多的说法如下：

酒宴散后，王希孟向徽宗辞行。一幅《千里江山图》让他明白自己的浅薄，除了故乡庐山的风景可以如实挥洒在绢素上，其他的山水竟然只能闭门造车。他要走出汴京，游览真正的大好江山。徽宗为他备足盘缠，以五年为期，让他再呈一幅盛世江山图。

宣和殿前秋风乍起，荔枝树黄叶翻飞，徽宗见到了如约归来的王希孟。白衣怒马的少年变了，目光中少了天真和灼热，多了忧虑和哀伤。王希孟献上耗时一年的画作。徽宗意兴盎然地打开，笑容却瞬间凝固。这是一幅水墨山水画，不施颜色，王希孟的画工比从前更加精致，内容却不堪入目：山河凋敝，饥荒满地，尸横遍野。后人称之为《千里饿殍图》，却没有人见过它的模样。

走出汴京的繁华，王希孟才发现真实的世界不是"画学"外烟火葱茏的市井，更不是他笔下可游可居的山河，而是天灾人祸横行，苛捐杂税繁重，农民颗粒无收，哀鸿遍野，民不聊生。他的伯乐蔡京是世人眼中的奸贼佞臣，他的恩师天子是百姓口中的昏庸君王。他想把真实的人间告诉天子，不要在粉饰的太平里继续痴人的盛世梦。然而帝王没等他解释，震怒之下便将他打入监牢。

夜晚的画院，深幽寂静，翰墨的清香氤氲中只有丹青书卷中两位同样不可多得的书画天才。王希孟最后一次摩挲着倾尽心血的《千里江山图》，画作如此精美，可上面艳而不俗的色泽何尝不是民脂民膏、百姓血汗？他曾经以为实现了宏图梦想，没想到竟然是助纣为虐。

毁掉江山画江山，终归虚妄一场。

徽宗给了王希孟解释的机会，而少年只有固执的一句："**现实的江山，比画里的江山重要。**"

《韩非子·说难》中写道，传说龙的颈部有一块鳞片是倒生的，如果谁碰到逆鳞，龙就会杀死对方。哪怕他曾是自己欣赏的天才少年。

是夜，年仅二十四岁的王希孟永远地消失在画院。也有人说，王希孟跳入画中，成为《千里江山图》中那些白衣隐士中的一人，做了画中仙。然而这只能是后人的美好愿景。

终究是年轻啊，以为是直抒胸臆的坦诚，却不知在天子眼里，只是大逆不道的狂妄。一如画家陈丹青所说："人在十八岁年纪，才会有这股子雄心和细心。"若不是年经，怎么能气贯长虹地画出美轮美奂的江山？若不是年轻，怎么会看不到现实的满目疮痍却能画出理想中的山水？

可少年终会长大，会看到现实的山河。天子和少年从来不是一类人，他们既不是志同道合的挚友，也不是休戚相关的至交，他们只是在特定的时刻相逢，擦出火花，共同创造出一幅流传千古的传世名画，然后一别东西。

《清明上河图》
——一幅画的逆袭

【文物档案】

图名：《清明上河图》　　作者：张择端

创作年代：北宋　　规格：纵24.8厘米，横528.7厘米

材质：绢本　　现收藏地：北京故宫博物院

如果要在中国传世名画中找一幅享誉世界的画，那一定是《清明上河图》；如果要在中国古代绘画中找一幅老少皆知、最为著名的画，那也一定是《清明上河图》。它太广为流传，几乎每个中国人都曾在不经意间见过它的图片、电子影像或是其他材质的复制品。而它的正本，被誉为"中华第一神品"，作为中国十大传世名画之一珍藏在北京故宫博物院。2015年在武英殿展出时，甚至引起了轰动一时的"故宫跑"现象。

然而《清明上河图》最初问世时，并不受重视。它是翰林待诏张择端绘制进献给宋徽宗的贡品，却被徽宗转手就送了人。而之后宋徽宗授意编纂《宣和画谱》时，收录了魏晋至北宋画家作品六千多幅，并没有收录《清明上河图》。在徽宗眼里，它终归是一幅没有太多艺术价值的界画，甚至还有些令他气塞不快的隐喻。

八百多年前的汴梁，如泛黄的丝帛一般还残存着最后的明艳色彩，透过易碎的斑驳，内里是不堪承重的慵懒。

张择端，字正道，神宗元丰八年（1085年）前后，出生于琅琊东武（今山东诸城）。"择端"二字，出自《孟子》，"正道"来自《礼记》。身处孔孟之乡的氛围加上家庭儒学的熏陶，考取功名，修身治国，为民立命是张择端一直以来的理想。为此，他十八岁时便来到京师汴梁游学以图功名，然而还是科举落榜。少年气盛的张择端自然不甘心，便留在汴梁等待机会。

京城久居不易，柴荒米贵，幸好张择端对画画素有天赋，他寄居在相国寺，那里住着很多和他一样以卖画为生的画师。张择端开始专攻最不被看好的界画。

界画脱胎于建筑设计图，由于在作画时使用界尺引线而得名，一般用来画建筑物,如宫室楼台、车船路桥等。

这是一个十分冷门的科目,"世俗立画家十三科,山水为上,界画打底"。东晋画家顾恺之说它"难成易好",画起来很费功夫,但容易流于匠气,没有太多发挥的空间,不符合中国古代绘画追求意韵的美学观点,所以一直被画家摒弃。然而沉默厚重的张择端对界画情有独钟,那一笔一画的勾描都需要准确,都是活生生的现实。每当他拿起笔,就仿佛置身于车船屋木,看到阡陌的纵横与现实的温凉。

渐渐地,张择端在京师小有名气,连宋徽宗也有所耳闻。徽宗派蔡京调查后,得知他曾经考过科举,便没有让他入"画学"学习,而是通过绘画的考试后,直接进入翰林图画院供职。

流光轻许了少年的梦,张择端的仕途在不经意间开启。他时常奉诏入宫作画赏画,他的界画深得徽宗赞许,然而也仅此而已。他的理想并没有因为翰林待诏的官职而有机会实现。一晃数年过去,他从最初的欢欣喜悦中清醒,变得更加沉默,只是日复一日地不断练习提升画技。

春风拂动,柳绿桃红,龙德宫建成之时,一众画师奉命在宫中的屏壁上画出月季。然而徽宗都不满意,直到看到一个年轻人的画作方才颔首称道。众人不解,徽宗说道,月季最为难画,一年四季、一天的早晚,月季的花叶、花蕊都不同。只有这个年轻人画的春天中午的月季,毫发无差。徽宗给年轻人"赐绯",即红色的官服。宋代五品以上的官员才可服绯,这是地位低下的画师从不敢想象的重赏。

回到画院,得赏的年轻人意气风发,和大家一起喝酒庆贺。张择端远远地站着,那些热闹喧嚣仿佛都离他很远。他伫立在小楼窗前,满目都是忧伤。帝王专注于画技,对画师来讲是好事,可是对百姓呢?他忘不了住在相国寺时,周边那些破败的屋子难以抵御暴雨风寒,大路上那些拥进来的难民乞丐衣着褴褛,汴河上漕运繁忙而米价菜价却日益上涨。那些如影随形的忧虑仿佛蚕茧,把他束缚得很紧,让他和画院的繁荣格格不入。他觉得,他应该做点什么。

机会终于到来。宋徽宗命张择端绘制一幅反映太平盛世"丰亨豫大"的图画。张择端领旨,然后在汴京城东郊的一处民舍住下。每天早晨,他沿着汴河走入市井,体察民间百味;当夕阳西坠后,他回到茅舍,凝神思索,开始作画。一年多后,一幅耗尽心血的长卷终于完成。

这是一幅风俗画,它以5米多的尺幅,绘制了北宋时期汴京的风貌。画面分为城郊、汴河、城市三部分(图1)。全图布局巧妙,超前性地把风俗画融入了长卷式山水画中,既有城市的世俗风情,又有城郊的山水田园,还有汴河的漕运码头。空间衔接转换巧妙,用S形的汴河横向贯穿,将城区和田园分割开来,又用虹桥这一道弧线纵向连接,从而处处相连,浑然一体。布局组织疏密有致,动静对比强烈,繁简处理得当,既有艺术性的美感,又充满故事性的意趣。

画面结构繁而不乱,长而不冗,段落分明,有着跌宕起伏的情节设计和强烈的戏剧张力。张择端是一个会用画笔当镜头的导演,

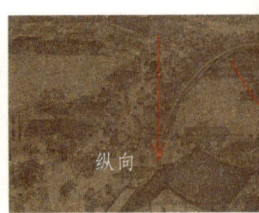

城市　　　　　　　　　　　　　　　　　　　汴河

图1 《清明上河图》的画面布局

他用俯瞰的视角统摄全画,用散点透视的方法取景,镜头沿着汴河移动,又用焦点透视的方法徐徐讲着故事。

画面从一行驮着木炭的驴子开始,引出城郊的田园风光。平林烟树,竹篱农舍,一队打猎踏青的人从城外归来。紧接着是一个冲突小高潮,在第一个岔路口,一匹受了惊的马横冲直撞,吓到了路人和孩童。之后,蜿蜒的汴河舒卷流畅,河上有繁忙的船运,有人摇橹张帆,有人合力拉纤,有人闲卧船尾;两岸有屋舍店铺,有人喝茶谈论,有人挑担负重,有人搬运粮食。每个场景都如生活实录一般。接下来便是全图的中心虹桥,这是故事和矛盾最激烈的地方。桥上人潮汹涌,桥下一艘还没来得及放下桅杆的大船马上要与桥相撞,情况十分危急,一名船夫用长篙死死顶住桥帮,让船工有时间把桅杆放下来。巨大的波澜之后,随着汴河的回转,绿荫垂绦,有船舶停靠,也有人凭栏观鱼。高大的城门之后,便是城市的市井风光。有林立的商铺,以及众多的人群,画面安排两三人一组,五六人或是十几人一群,演绎着各自的故事。有进入城门的车夫交税,有说书人讲述着精彩的故事,有商贩沿街叫卖,有人在井边打水,也有官员骑马进城……整个画面就这么活起来了,一个个小的故事如一条条小的溪流,汇成了大河般波澜壮阔的历史场景。

横向

城郊

搬运苦力　　　　　　　纤夫　　　　　　　　　货郎

行脚僧人　　　官员　　　　　赶考士子　　　　乞丐

图2　《清明上河图》中的人物（部分）

而张择端在这幅画上使用的技法，令人叹为观止。画面兼工带色，设色淡雅，绘制了数量极其庞大的各色人物八百一十五[①]人，牛、骡、驴等牲畜五十余头，车、轿、大小船只二十余只，房屋、桥梁、城楼等三十余座，每个细节都刻画得细致入微，纤毫毕现，连船只上的物件、钉铆方式及结绳系扣都清清楚楚。

画面的人物数量极其庞大，但并不是千人一面，每个人都是独立的个体，他们有着不同的身份、不同的服饰、不同的职业、不同的表情及不同的苦乐。有田地里的农夫、驼队的商人、船上的船夫、撑船的篙夫、拉纤的纤夫、搬运货物的劳力，还有各种做生意

---

① 八百一十五：关于《清明上河图》画上的人数，有多种观点：一说五百多人，一说一千多人，更多人认为是八百一十五人，本书取此观点。

的小商贩、戴着高帽的官员、衙署里的差人、等待考试的士子，此外还有僧人、道士、卦师……各行各业，三教九流，从青壮年男子到老人妇孺，无一不备。（图2）画中每个人栩栩如生，惟妙惟肖，带着自己的故事，仿佛要从画里走出来一般。

此外画里还有一些别具特点的职业。宋代随着商业的高度发展，催生了饭菜外卖的服务，以宋朝为背景的电视剧《知否》里，小公爷为了讨母亲开心，点了酒楼的炒菜外卖送到家。画中一个酒楼外有一位外卖小哥（图3），他胳膊上托着两碗饭，手中拿着筷子，身上系着褡裢，在急匆匆送外卖。

图3 送外卖的小哥

集市的一顶轿子里，一位妇人挑开帘子（图4），头上戴着用绢帛做成的花冠，是媒婆的装束。媒婆也叫冰人，是"三姑六婆"中的一种，也是那个缺少信息的年代促成姻缘的重要职业。

在人潮如织的虹桥上，有两个人的袖子比其他人要长（图5），

图4 轿中的媒婆

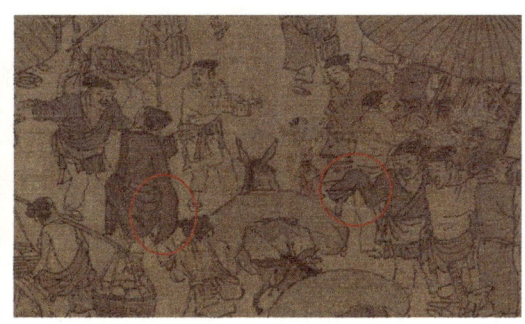

图5 长袖的牙行

 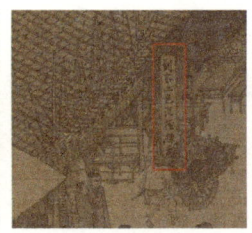  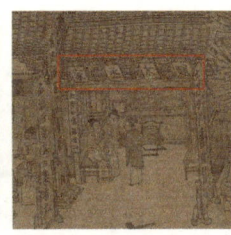

王家纸马（纸马店）　　刘家上色沉檀楝香（香铺）　　久住王员外家（客店）　　赵太丞家（医药店）

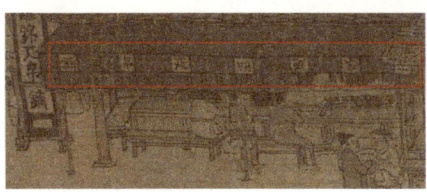  

王家罗锦匹帛铺（布铺）　　　　　　斤六十足（肉铺）　　　　　菜单（饭店）

图6　《清明上河图》中的商铺（部分）

他们从事的是古代一种特殊的职业，叫作"牙行"。他们在长长的袖筒里触摸手指头，讨价还价，并计算交易数。"袖里吞金"这个词便是形容牙行的。现在这个职业更火爆，只是换了名字叫"中介"。

画中也绘制了大量的房屋商铺，结构严谨，房屋上的屋脊、瓦片都一笔不苟。有出售丧葬用品的"王家纸马店"，有贵比黄金的奢侈香铺"刘家上色沉檀楝香"，还有挂着"斤六十足"的肉铺，甚至连饭店里的菜单都字字清晰。（图6）

全图最为豪华气派的店铺是一座三层小楼。（图7）楼顶插满了花旗彩杆，这样的建筑装饰是宋代流行的"彩楼欢门"。门口"正店"的招牌是指经过朝廷特许，有酿造资质并售卖酒的店铺。在宋代酒醋盐均属严控的特许范畴，凡是经营都需要朝廷许可。这也是图中唯一的一家"正店"。右边挂着的两个红灯笼，栀子形状，名叫"栀子灯"，是宋代青楼的标志。店铺还斜插着长长的旗杆，悬

图7 《清明上河图》中的正店

挂着"孙羊店"的旗子。这些细致的描绘,表明这是一家孙姓经营的酒楼,里面有自酿的美酒、羊肉类的堂食,还有歌伎舞伎。

与"正店"相对的,还有"脚店"。脚店是没有酿酒资质,要从正店批发售卖酒的店。画中虹桥旁边便有一家脚店(图8),门口有"十千脚店"的灯箱,右侧还有"天之""美禄"的广告牌匾。《汉书》道"酒者,天之美禄",说明它是一家售卖酒的店铺,也

图8 《清明上河图》中的脚店(部分)

可能兼售堂食,供客人歇脚。因为门口便是那个送外卖的小哥,还拴着一匹可能是客人骑来的马。

除了商铺,也有很多颇具特色的路边小摊。如"香饮子",桶里是用草药、水果、香料制成的饮料,还有路边的修面摊,以及售卖字画的小摊。(图9)

《清明上河图》如一幅宋代生活实录一般,还原了当时的风土人情。

画面开头便是清明时节打猎踏青归来的队伍。(图10)宋代孟元老的《东京梦华录》中记载,当时清明的风俗,踏青归来轿子外会插满杨柳杂花。

在宋代,扇子的功能不仅是扇凉,还用于"便面",遇到不熟或是不愿招呼的人,"以扇遮面,则其两便"。画里似乎是相识的两人,一人显贵,乘着高头大马,而另一人较为落魄,只好用扇子遮面避免尴尬。(图11)

北宋每年三月间,都会有进京赶考的举子。在考试前,需要先

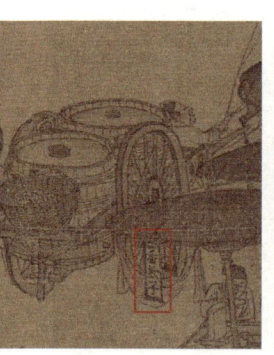
香饮子

修面摊

字画摊

图9 《清明上河图》中路边小摊

办理验审和应考手续。这项事务可以由私人经营的书铺得到官府授权后进行。在画中写着"解"字招牌小铺的旁边，正围着一群或热切或忧心忡忡的举子，他们在这个具有验收举子试卷、解牒、家保状等职能的办事处询问、打探消息。（图12）

《清明上河图》整幅画看起来是寻常市井，但聚焦每个场景，都有耐人寻味的故事和解读，是典型的"平中出奇"的艺术表现。

张择端的绘画完成之后，画院的其他画师都啧啧称奇。他们纷纷向他祝贺，都说这样的深耕之作一旦进献，必定会被帝王褒奖赏赐。张择端却并无一丝欣喜之色，反而紧张得后背发凉。这不是一幅普通的画，这是他向帝王谏言的奏折，他在其中埋了很多暗示当朝隐患的伏笔。宋徽宗如果看出了他的意图，也许会勃然大怒，毕竟逆耳忠言最难悦纳。可他不愿退缩，面对这危机四伏的盛世，他无法做一个太平画师，他要遵从内心的理想，为生民立命。

文死谏，武死战。张择端义无反顾地捧着画走进了宣和殿。宋

图10 打猎踏青归来的队伍

图11 便面

图12 悬挂"解"字的店铺

徽宗看着面前徐徐展开的画卷，大喜过望。这是他想要的盛世，清明太平，繁华昌荣；这也是他想要的画，工致精准，气韵生动。他难掩喜爱和欣赏之情，当即提笔，用瘦金体在画前题写了"清明上河图"五个字，并加盖了他的双龙小印，全然没有看到一旁的张择端神情从紧张到放松，再到失落。

宣和殿前的荔枝树已经挂果，红绿相映，鲜艳明媚。一阵轻风拂过，树木难掩沉重，果子纷纷坠入泥土，化为腐泥。张择端发出一声长长的叹息。

宋徽宗对着《清明上河图》把玩了半个月，突然将已经发出的赏赐张择端的诏令收了回去。他看出了不对劲，**这竟然是一幅"盛世危图"，看似清明繁华的背后，有着许多令人心悸的暗语。**

画面开头的地方，便是违令。当朝诏令禁止在二至九月狩猎，而这队出城打猎踏青的人竟然扛着野鸡回来。

本应观察汴梁火情消防的望火楼竟没有一人值守（图13），而且高层已被截去，改造成了凉亭，摆上了桌凳。望火楼下面的两排兵营也已改成饭铺和茶肆。汴梁频频失火，而这些望火楼形同虚设。

画中有多艘运粮的船，却没有一艘是官办的，没有官兵值守，更没有督粮官。蔡京建议用采办粮食的官船去采买建造皇家园林艮岳用的花石纲，因此才会让运粮的私船乘虚而入。还有富商囤粮，未来粮价会飞涨吗？（图14）

徽宗看得头痛，他手持长卷两端，一边看一边收。

城门处没有值守的士兵，没人查验，没人盘问，西域的驼队如入无人之境。（图15）如果有辽金和西夏的细作，将会毫无障碍地进入京师。

城防变成了税务所,值守的官员在收税。当时商业税为5%,包括3%的商业流通税和2%的买卖交易税,纺织品另有重税,此外还要对车船征收"力胜税钱"。蔡京曾上奏称:"不必拘泥规矩,应当竭四海九州之力以自奉。"竭天下之力收税,朝廷才有用度。宋

图13 无人值守的望火楼

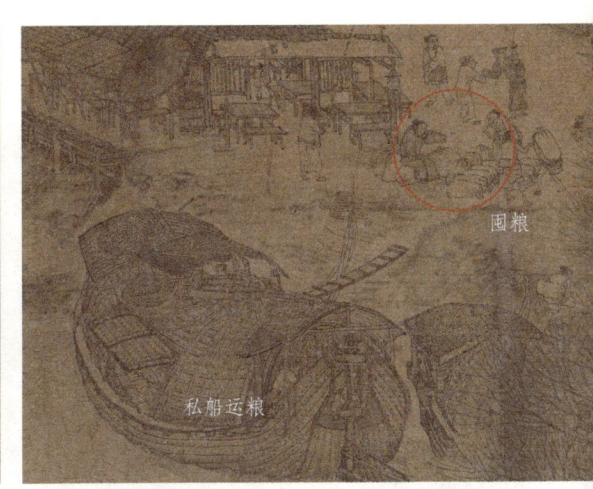

图14 私船运粮,富商囤粮

图15 城门无人值守

图16 官员收税

徽宗听取了他的建议，又多立了税目。张择端在画中用旁边交税的车夫惊讶而不满的表情（图16），来暗讽税费繁重引起民怨。

而官吏和士兵慵懒的现象更是随处可见。衙门口的士兵懒散地坐着发呆打盹，甚至倒头睡觉。而原来的消防站改成了酒铺，本应放置消防用水的木桶全装了酒，前来运送军酒的禁军试着墙上的弓箭。（图17）

图17　慵懒的官兵和改成酒铺的消防站

 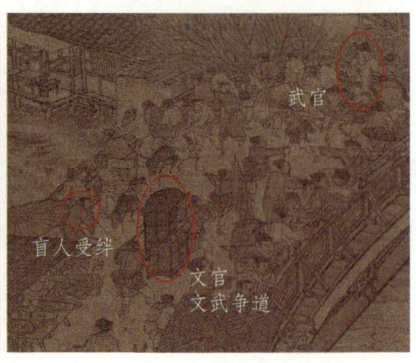

图18　混乱不堪的虹桥处

画卷即将合上，位于画面中心"画眼"的虹桥位置，更是混乱不堪。文官武官争道，一如朝中气象。宋朝重文抑武，但边境又战乱不断，导致朝中文武官员矛盾极度激化。桥上还有各种小摊占道经营却无人管理，导致一个盲人险些被绊倒。一艘船和桥要相撞的险情，没来得及放下的桅杆，都在明晃晃地向他说着"危险"，江山危险！社稷危险！（图18）

全图烈火烹油、鲜花着锦的背后，处处是险情，处处是刺痛。空虚的防守，繁重的税务，怠政的吏治，官粮缺乏储备，城市疏于管理，文武官员从朝中争到朝下，官吏、士兵、百姓都沉迷饮酒浑浑度日，更不要提图中随处可见的贫富对比了。富人在酒楼里推杯换盏，穷人上衣脱下都摸不出一盏凉茶的钱；富人出城打猎踏青，穷人运送木炭谋得生计；达官显贵高头大马，乞丐在沿街乞讨……

宋徽宗越看越心惊，处处是伏笔，点点是讽刺，没有一处经得起细看。他匆忙合上画卷，命人收入内府，再不愿多看一眼。之后，他把《清明上河图》赏赐给了舅舅岳宗回，再也没有召见过张择端这个画师。张择端终究不是华佗，救不了病入膏肓的大宋。

《清明上河图》完成四年后，汴京的粮价涨了四倍。靖康元年（1126年），金兵攻入汴京，如入无人之境，北宋灭亡，徽宗、钦宗二帝被俘。《清明上河图》流落到金人聚集的地区。金人张著在画后写了题跋，记述了张择端的身世。从此，《清明上河图》开始了它的"逆袭"之路，五次进宫，四次被盗，坎坷的经历背后是它逐渐被认可的价值。

元灭金后，《清明上河图》第二次被收入宫中，仍然备受冷落。至正年间，宫中的一个装裱匠用摹本把真本换出，卖给了一位高官。这位高官得画不久被派往河北正定驻守，府内负责保管此画的人又趁机将画盗出售卖。

到了明代，《清明上河图》在民间大受欢迎，广为流传，各种复刻版本在街头的书画店铺随处可见，一两银子就能买到一幅。而文人墨客也掀起了临摹的热潮。连画家仇英也模仿它的布局构图，绘制了一幅《清明上河图》，只是把城市从汴梁变成了自己生活的苏州。

《清明上河图》的真品更成了争夺的对象，甚至引发了人命。嘉靖年间，《清明上河图》被王忬收藏。奸相严嵩的儿子严世蕃知道后强行索要，王忬便请高手复制了一份摹本送给了他。后有人告密，严嵩懊恼愤恨，便借蒙古俺答汗部落攻入大同的事由，联合党羽弹劾蓟辽总督王忬戍边失职。一代抗倭名将王忬，被斩于西市。昆曲传统剧目《一捧雪》便是以这件事为原型创作的，只是将《清明上河图》换成了玉杯"一捧雪"，王忬也更名为莫怀古。

王忬的儿子王世贞是当时的文坛领袖。后人传说，他以严世蕃为原型，创作了奇书《金瓶梅》报仇。他在《金瓶梅》的书页上浸满毒汁后送给严世蕃。严世蕃有用手指蘸唾沫翻书的习惯，看得入迷，便不断翻书，最终毒发身亡。这个故事虽是后人穿凿附会的，但《金瓶梅》中描写的世俗风情，确实可在《清明上河图》中窥得一隅。而受《金瓶梅》影响创作的名著《红楼梦》，也是如此的笔法。可见《清明上河图》不仅影响了画坛，还影响了戏剧、文学的创作。

严嵩父子获罪后，严家被抄，《清明上河图》第三次进入皇宫，后来被太监冯保偷盗出宫，直到清代嘉庆年间再次进入皇宫。嘉庆帝很喜欢这幅画，将它收录在《石渠宝笈三编》里，对清代画家完成《康熙南巡卷》和《乾隆南巡卷》等宏伟巨制起到了范本作用。

辛亥革命后，溥仪逊位，他离开北京之前，将宫中珍玩字画盗往天津，《清明上河图》也在其中。随后他又将其带往东北。1945年，伪满政府宣布解散，溥仪带着一批国宝准备逃往日本，其中就包括了《清明上河图》。登机前，溥仪被抓，但混乱中，装《清明上河图》的箱子却遗失了。直到1950年，在清点文物时，才无意间找到了失踪的《清明上河图》。1955年，沈阳博物馆将《清明上河图》移交北京故宫博物院。

张择端也许不会想到，他的谏画虽然没有受到宋徽宗的重视，却在后世令无数画家和收藏家视若珍宝，还引发这么多轰轰烈烈的故事。

如今，《清明上河图》被推举到中国绘画史乃至中国艺术史的峰巅，它的史料价值更胜于它的艺术价值。围绕它形成了一门专门的研究学科，称为"清明上河学"。学者们研究图画的内容，比如画面描绘的是春景还是秋景？"清明"和"上河"的含义是什么？绘画完成的时间是什么时候？张择端的身世如何？它也被称为"北宋的百科全书"。学者们从政治制度、商业经济、建筑营造、城市考古、地质地貌、民俗风物、交通运输等不同角度深入研究，甚至为当代智慧城市建设提供借鉴。

《清明上河图》走进了教科书、美术书、小说里，走进了刺绣、瓷器、木雕中……甚至出现在高科技电子屏上，让每个人都真正地"活"起来。它以冷门的民俗界画身份,超越了很多名家大师的写意之作,华丽地"逆袭"成为美术史上不可逾越的高峰。

这些辉煌,张择端不会想到。**他只是用心做好了一件事,他用界画的"匠心"、艺术的"灵心"和儒家体恤民情的悲悯之心,去完成他的作品。其余的,交给了时间。**

世间所有的成功大抵如此。

《鸥波亭图》

——你侬我侬,韶光终不负深情

鷗波亭圖
大德八年春三月作 子昂

趙松雪管仲姬鷗波亭圖

此鷗波亭圖絕立趙目管合作世所傳昔藏
曾南逸道留人間名王奉湘先生所得腸日余觀
其筆法秀麗人物生動而氣韻蒼逸生擴神品
寶之
崑山老人韓逢禧

性命可敦此寶難得趙孟堅題落水蘭亭句借以題大德堂鎮庫之寶癸亥楊新

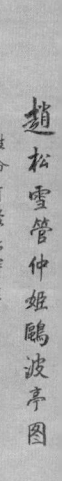

【文物档案】

图名：《鸥波亭图》　　作者：赵孟頫、管道昇
创作年代：元代　　　　规格：纵117厘米，横55厘米
材质：绢本　　　　　　现收藏地：深圳至正艺术博物馆

　　这是一幅渗透着婚姻智慧的画。元代大德八年（1304年）三月，江南春光正好。风细柳斜斜，杏花雨潇潇，赵孟頫与黄溍等四十余位友人在杭州南山集会，之后到西湖泛舟，敞怀痛饮。酒至半酣，望着湖面水光潋滟，山色空蒙，他的思绪回到了同样烟雨飘摇的故乡吴兴。

　　白墙灰瓦的莲庄，堤水环绕的鸥波亭，是他曾经的温暖爱巢。他在那里练字作画，身边还有芝兰芬芳的妻子管道昇相伴。如今她可还在鸥波亭内画着兰竹？能否原谅他带来的伤害？在内疚懊悔中，赵孟頫提笔挥毫，绘制了这幅《鸥波亭图》。一个多月后，管道昇来到杭州，为《鸥波亭图》补上了竹子。夫妻合璧，终成佳作。

　　书画发展到元代，五代、宋以来的画院被取消，书画不再被统治者所重视。极端的民族政策将南宋汉人划为"四等"中的最末等，文人士大夫心中块垒郁结，纷纷寄情于山水、枯木等富于气节情操的绘画主题，借景抒情，注重画的意兴和神逸。文人画空前繁荣，尤其是山水画，成为画坛主流。而赵孟頫正是元代书画风格的

图1 元代·赵孟頫《鹊华秋色图》 台北故宫博物院藏

图2 元代·赵孟頫《杭州福神观记》 北京故宫博物院藏

开创者和集大成者,被尊为"元人冠冕"。

　　赵孟頫是真正的"书画双绝"。他是元代画坛领袖,提倡"书画同源""以书入画",将书法的运笔技法引入绘画,诸锋并用,指腕虚活,收放自如。他的画风师法自然的同时追求古意,诗中有画,画中有诗,用深厚独特的技法表达深邃幽远的意趣。(图1)他篆、隶、楷、行、草诸体皆精(图2),尤其精通于行书和楷书,是后世所有学习王羲之的人里最得其神韵者。他的楷书尤其精妙,笔法圆熟秀逸,结体妍丽工整,书风秀媚雅致,世称"赵体"。他与唐代的颜真卿、柳公权、欧阳询并称为楷书"四大家"。

图3 元代·管道昇《竹石图》 台北故宫博物院藏

他的妻子管道昇是诗、书、画俱佳的一代才女。她的书法以楷书见长，与东晋时期的女书法家、王羲之的老师卫夫人并称为"书坛两夫人"。而她的画达到了古代女画家绘画的最高水平，被称为"丹青中的李易安（李清照）"。管道昇擅长画墨竹，首创"晴竹新篁"，用笔熟练洒脱，纵横苍劲秀丽，毫无女子之态，甚至超过了赵孟頫。（图3）

这幅《鸥波亭图》集两人之长，绘制了山水、人物、树石、亭台等，各科皆精。画面采用竖式构图，角度既有高远又有平远，层次丰富。

此画作中笔法灵活多变，不拘一格。画面左下部的坡石多用弧线勾皴，是变化了卷云皴得来的，而远处

图4 亭畔的柏树

的山坡又是类似披麻皴的笔法,将几种皴法巧妙结合并富于变化。亭畔的柏树(图4),主干用繁线勾皴,笔力遒劲,树叶用笔密集点染,并用墨色的浓淡表现出树叶的层次。

画面采用白描的方式绘制人物,线条丰富,细劲圆润,随人物身份灵活选择。亭上的士人服饰多用兰叶描,流畅顺达;而楼下抬土的劳动者则选用折芦描和撅头钉描,用线条的顿挫表现衣服的皱褶和坚劲感。(图5)描绘鸥波亭的线条工整精细,为了突出鸥波亭的精致恢宏,选用了界画的方式,用界尺打出轮廓,内部又

图5 《鸥波亭图》中人物的描法

_215

结合了文人画的方式信手简略地描绘，线条细匀又有浓淡粗细的变化，显示了精湛的界画技能。

管道昇补画的竹子采用双勾白描法，用墨线勾出竹竿竹叶的轮廓，用笔圆劲精细，清晰利落，风韵毕现。结构层次和空间处理得十分恰当，繁而不乱，疏密有致。最妙的是，管道昇的竹子比赵孟頫的画晚画一个多月，却没有任何生硬之处，与原画完美融合。她的竹子没有填色，没有抢夺赵孟頫的柏树已有的浓郁墨色，只是起着辅助和点缀画面主体的作用。它们丛丛密密地环绕，既有自己独立挺拔的风姿，又如流水般渗入画面的每一处，与柏树交织在一起，让整个画面都渲染上了竹的韵致。

这样的画面关系，如同他们比肩而立的婚姻，她做好妻子辅助家庭的本分，还托住了他精神世界的底。他却险些失去了她。

赵孟頫，字子昂，南宋理宗宝祐二年（1254年）生于吴兴。他算是皇室后裔，出自宋太祖赵匡胤一支，他的十世祖是鼎鼎有名的"八贤王"赵德芳，只是到了赵孟頫这一代，已是旁系别出。父亲在他十一岁那年去世，家境陷入困顿，"蔬食常不饱"，而赵孟頫仍然贪玩。母亲严厉地斥责他："你已失去父亲，如果不能精强于学问，没有一番成就，我也没有必要活着。"说完泪湿衣襟。母亲的决绝令他痛下决心光耀门楣，入仕为官，自此便刻苦用功，昼夜不休。

只是未能等到他施展抱负，南宋便亡了。深受国破之痛的赵孟頫蛰居在家中，元朝两次请他出仕，他都拒绝了，只一心研习儒家经义并书法绘画。赵孟頫自幼聪慧，过目成诵，加之勤勉刻苦，几年后便以博学多才而声名卓著。他几乎全能且全精，能诗善文，懂经济学问，工于书法绘画，擅长金石篆刻，还通音律鉴赏，被誉为"吴兴八俊"之一。

管道昇字仲姬，亦是吴兴人，生于景定三年（1262年），父亲管伸是春秋时期管仲的后人，为人豪爽大方，以"任侠"闻名乡里。管伸是那个年代难得的开明父亲，他膝下无子，把女儿当男子教养，故而容貌秀美的管道昇不仅善于刺绣女红，也精于诗词书画。更难得的是他对女儿婚姻的包容。管道昇对于夫婿的选择不愿将就，誓要找到人品学问俱佳的灵魂伴侣，哪怕已拖到二十五六的"超大龄"也决不妥协。

赵孟頫与管道昇的相识很有几分戏剧性。传说管道昇在吴兴瞻佛寺的墙壁上画了一幅《修竹图》，画意逼真，栩栩如生，引得众人前去观看，其中也包括赵孟頫。赵孟頫看到那幅生动有致、笔墨温润的《竹石图》，便有种犹如故人归的怦然心动，更对画竹的女子心向往之，于是托人找到管道昇的父亲求取姻缘。这个颇有明清小说意味的故事也许只是后人杜撰的，但赵孟頫与管道昇志趣相投、互赠书画是不争的事实，那是他们完美婚姻的基石，也是他们相携相伴的因缘。

至元二十三年（1286年），元朝寻访隐居于江南的宋代遗臣时，再次邀请赵孟頫出仕为官。此时距离南宋亡国已过去了七年，被战火的灰烬覆盖的山河长出了春草，赵孟頫心中的伤痛已渐渐平息，他自幼受母亲训导的经邦济世之心也开始复苏。他同意了。这年十二月，赵孟頫来到京城大都（今北京）面见元世祖忽必烈。忽必烈见他容貌俊朗，神采飞逸，惊为天人，授予他兵部郎中一职，官阶从五品。

短暂的分离让心心相许的恋人如隔山海，思念的每一秒都度日如年。管道昇喜欢王羲之的典故，于是第二年早春，赵孟頫便画了《羲之换鹅图》，并临摹了王羲之的《黄庭经》，将这一字一画寄给管道昇。管道昇收到他的礼物爱不释手，作为回赠，她绘制了《云山千里图》丹青传意。

至元二十六年（1289年），赵孟頫回到吴兴与管道昇完婚，并将她带到大都。那一年，赵孟頫已是三十六岁，而管道昇也已二十八岁。不肯将就的管道昇终于等到了她满心满眼崇拜爱慕的夫君，她抱定"愿得一心人，白首不相离"的誓愿走入了婚姻。

那时的他们，爱得浓烈如酒，缠绵如歌。赵孟頫号"松雪道人"，管道昇诗画中便称丈夫为"吾松雪"，我的松雪，宛如小女儿娇嗔却热烈的模样。而赵孟頫对妻子也满是爱意，称她"德言容功，靡一不备"，她在他心中堪称完美。

"完美"二字，管道昇是当得起的。她虽是女子，却不是丈夫的附庸，她有着强大独立的精神力量，似蒲苇般坚韧如丝，似流水般大象无形，抚慰了赵孟頫被官场世情捶打得伤痕累累的心。

赵孟頫的入仕之途走得并不顺畅。元朝的军权属枢密院，他所在的兵部只是管理全国驿站、军屯和调拨军需等事务，类似于后勤部门。本想凭借才华一展抱负的赵孟頫陷入了终日烦冗的文书琐事中，对自己未能被重用感到愤慨烦躁。而且富于艺术气质的赵孟頫喜欢无拘无束，入仕后却不得不面对朝廷的繁文缛节，甚至权力斗争。一次，他上朝迟到，宰相桑哥竟然命断事官按例对他施以鞭刑。这对秉持儒家"刑不上大夫"的赵孟頫来说无疑是极大的羞辱。他悲痛地吟道："昔为水上鸥，今如笼中鸟。"

身为汉人的赵孟頫在蒙古人集聚的朝中备受排挤,而他在江南文人界的名声也已滑坡。那时的人们,刚经历了文天祥"留取丹心照汗青"的宁死不屈、陆秀夫怀抱小皇帝跳海殉国的大义,为之震撼,对赵孟頫身为赵宋后人却投身元朝朝廷的行为极为不齿。

那是赵孟頫最为灰暗的一段日子。朝廷和宋人都容不得他,整个世界似乎都抛弃了他。幸好管道昇来了,她理解他是不甘埋没自幼树立的兼济苍生的理想,而不是简单的媚元求官。本就淡泊名利,肆意洒脱的她,用自己的人生态度开解赵孟頫,成为他晦暗阴霾里唯一的亮光,赵孟頫渐渐少了怨愤、焦躁和牢骚之词。

管道昇用馥比仙人的才华与丈夫应和,做他的知音及知己。赵孟頫画春江垂钓,管道昇便为他补写墨竹;管道昇画墨竹图卷,赵孟頫便给她书写《修竹赋》。两人合作了许多书画佳作。他们一同临摹古帖、鉴赏绘画,一同品诗作词、烹茶煮酒,有着文人夫妻独有的夫唱妇随,宛如神仙眷侣。他们相视一笑,眼眸中流转的都是脉脉深情,堪比李清照和赵明诚的"赌书消得泼茶香"。赵孟頫在给友人的信中不由得展示他的幸福婚姻:

山妻对饮唱渔歌,唱罢渔歌道气多。
风定云收中夜静,满天明月浸寒波。

更难得的是,管道昇既能随着丈夫浸到文艺的世界编织绮丽的梦境,也能随时抽身做世俗的贤妻良母。她一生共生育了九个孩子,皆悉心教导。她曾有一首《题画竹》诗:"春晴今日又逢晴,闲与儿曹竹下行。春意近来浓几许,森森稚子日边生!"借森森竹笋表达了对儿女的殷切期望。她的次子赵雍在书画方面颇有建树，而被赞誉"五百年来无此君"的元代著名画家王蒙，是她的外孙。

至元二十七年（1290年），赵孟頫迁任集贤直学士、奉议大夫（正五品），终于摆脱了烦冗杂务，有了参政面圣的机会。他抓住时机，努力实现为百姓解忧排难的政治理想。这一年恰好发生了地震，赵孟頫借此让元臣阿刺浑撒里奏请元世祖忽必烈免除赋税以消弭天灾，让百姓从繁重的赋税中得到喘息。第二年，发生举朝震动的桑哥集团覆灭事件。为祸百姓、大权独揽的丞相桑哥被处死，赵孟頫在其中起着关键的策划作用。此后赵孟頫在朝中的声望和权力都急剧上升，达到他人生中的巅峰。

忽必烈有意让他参与中书省政事，走入朝政的核心圈层，但赵孟頫拒绝了。几年的仕宦经历让他明白，以他"南人"和前王孙的身份，一旦走入权力中枢，势必成为众矢之的。深受管道昇看透名利的影响，赵孟頫已萌生了"大隐隐于朝"的想法，不再将理想沉溺于政治，转而寄于书画立功立言。

赵孟頫屡次申请外任，终于在至元二十九年（1292年）出任同知济南路总管府事，去到山东济南上任，而管道昇与孩子们则先回吴兴。两年后，赵孟頫也因病回到了吴兴。

莲花庄的别院，因为赵孟頫而被人称为"学士庄"，那里碧水风荷，锦云百顷，是南朝汀州采白蘋的地方，也是承载赵孟頫和管道昇中年淳厚婚姻的地方。染柳烟浓的松雪斋内，有他们并肩作画的身影；荷香旖旎的鸥波亭中，有他们恩爱铺陈的云霞。

那年深秋，赵孟頫在家中宴请宾客，管道昇作为女主人既要安排酒席餐食，又要照顾宾客女眷，忙到腰酸背痛。晚上酒席散去，

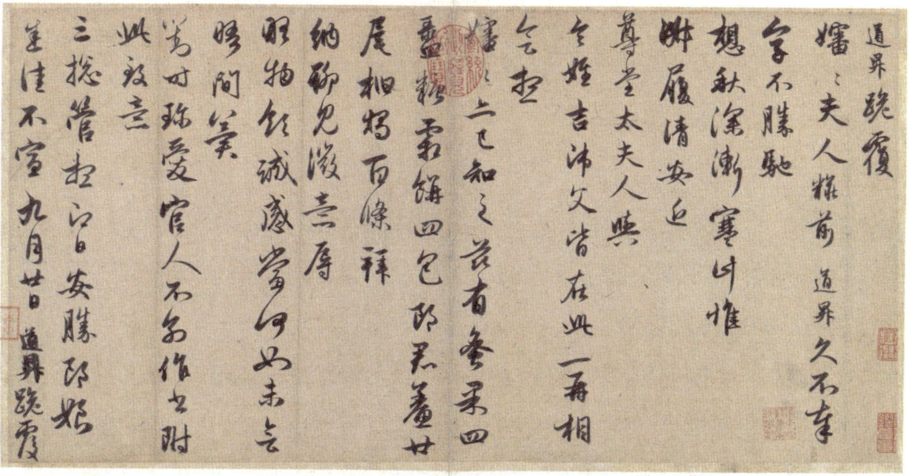

图6　元代·管道昇《秋深帖》　北京故宫博物院藏

赵孟頫看到桌上放着婶婶的来信,管道昇还没来得及回复。他心疼劳累的妻子,便主动提起笔来替她回复。管道昇推辞不过,只好成全丈夫的心意。(图6)

窗外桂树香浓,帘内红烛瞳瞳,管道昇斜倚在榻上,看着丰神俊朗的丈夫在她的口述下书写着家长里短的问候。缕缕桂香沁入心底,她满足地沉吟微笑。落款的时候,赵孟頫写得兴起,顺手就写下自己的字"子昂",写到一半才反应过来,忙又改成了妻子的名字"道昇"。(图7)这幅《秋深帖》因这一处小小的漏洞,以

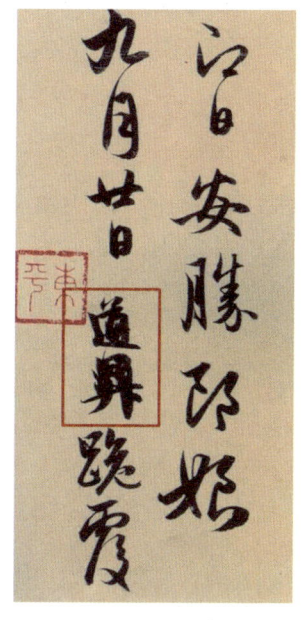

图7　《秋深帖》改动的落款

及通篇行云流水的笔法、浑厚温和的字迹特点，被后人看出是赵孟頫所写。它因背后的恩爱故事成为书法史上的经典，也是赵孟頫对管道昇爱的契约和证明。

美好的时光如沙在指缝，匆匆流逝。大德三年（1299年），赵孟頫被任命为集贤直学士、江浙等处儒学提举。他前去杭州赴任，管道昇则留在吴兴旧宅抚育子女。殊不知这一别，将会迎来他们婚后唯一却致命的挑战。

杭州是红袖织绫、青旗沽酒的富贵温柔乡，儒学提举又是闲职，赵孟頫沉浸在杭州"山寺月中寻桂子，郡亭枕上看潮头"的诗意浪漫里，更与一众文人墨客吟诗作对，品书论画，甚至流连在秦楼楚馆中，渐渐迷失初心。在多次为一名叫崔云英的歌姬捧场后，赵孟頫萌生了将她纳为妾室的念头。

当一个人的心已离航后，往日的浓情便细细碎碎沉入海底，只留给另一个人无边无际的凄凉和迷惘。随着书信的罕至，管道昇察觉到了丈夫的游离。她看着镜中朱颜渐衰的自己，决定给赵孟頫寄去一封家书，附诗一首《寄子昂君墨竹》，用容貌衰老之词，试探丈夫的心意：

夫君去日竹初栽，竹已成林君未来。
玉貌一衰难再好，不如花落又花开。

西湖边的青楼歌舞妖娆，红烛下年轻貌美的歌姬玉腕凝结着霜雪，一弦一拨，撩动着听者蠢蠢欲动的心。赵孟頫拿着酒杯，早已酒不醉人人自醉。回到官邸看到管道昇的来信，他乘着酒兴大胆地

给她回复,理直气壮地讲明他的心意:

我学士,尔夫人。岂不闻陶学士有桃叶、桃根,苏学士有朝云、暮云。我便娶几个吴姬越女,也无过分。你年纪已过四旬,只管占住玉堂春。

陶学士都有妾桃叶和桃根,苏东坡也有妾王朝云和暮云,在当时男人普遍三妻四妾的环境下,赵孟頫认为自己纳妾也不过分。而管道昇已年过四旬,做好她的正房夫人就好。

管道昇收到回信,虽早有预料,还是痛彻心扉。原来琴瑟和鸣的爱情也难逃色衰爱弛的宿命。这些年来,她拼尽全力跟着他的脚步,他总说她天资聪颖,"翰墨词章,不学而能""不学诗而能诗,不学画而能画",其实哪有不学就会的天才?他可知她付出了多少心血?当他绘画的时候,她在一旁默默地观摩学习;当他写字的时候,她临着他的笔迹描摹,方才练得一手他的小楷。而她还要生儿育女,操持一大家子的生活起居,迎来送往。她耗费了多少心力,才做到与他相互品题,心契神合?可这些竟都抵不过一副年轻的皮相。

她终究是才华横溢的管道昇,不是自怨自怜的弃妇。多年的诗书浸染早已让她有了抵抗风寒的羽翼和智慧。从前她等了二十八年不肯将就自己的婚姻,如今更不可能屈就自己"愿得一心人"的追求,和所谓的"吴姬越女"分享一个丈夫。

思忖几日,管道昇给赵孟頫寄了一首振聋发聩、流传千古的《我侬词》:

尔侬我侬，忒煞情多，情多处，热似火。把一块泥，捻一个尔，塑一个我，将咱两个，一齐打破，用水调和。再捻一个尔，再塑一个我。我泥中有尔，尔泥中有我。我与尔生同一个衾，死同一个椁。

全篇看似在向赵孟𫖯炽热地表白，实则用最温柔呢哝的语气说着最决绝的话。"一齐打破""生同衾死同椁"暗示着舍弃一切的坚决。是和离，还是死别？后人不得而知。

但聪明的赵孟𫖯读懂了，这个看似温柔贤惠的女人其实有着最坚定的底线，一旦触碰，爆发的力量将会摧枯拉朽。他不愿也不敢试探。回想近二十年的恩爱生涯，他惭愧不已。自己竟如此糊涂，被一缕温软的香风便熏得迷失了方向，他慨叹："得妻如此，夫复何求！"断绝了纳妾的念头。

于是在绘制了《鸥波亭图》之后，他将管道昇接到杭州，他忐忑她是否能原谅他的偏离。而她宛如什么都没有发生，补画的竹子依旧细细密密萦绕在柏树亭台之间，仿佛毫无间隙地与他枝枝相依，令他惭愧却又敬服。

元仁宗即位后，由于早闻赵孟𫖯的才名，对他极尽荣宠，累次升迁，并封为魏国公，官拜正一品，虽然仍是从事编修国史工作的"政治花瓶"，但也位高权重。管道昇夫荣妻贵，先被封为吴兴郡夫人，后被封为魏国夫人，成为贵极一时的一品诰命夫人。

然而管道昇没有沉溺在这份殊荣里尊享富贵，她清醒地看到荣宠越盛，危险越近。她写下四首《渔父词》恳劝丈夫急流勇退，其中有一首写道：

人生贵极是王侯，浮利浮名不自由。

争得似，一扁舟，弄月吟风归去休！

赵孟頫与她心有戚戚焉，屡次上书辞官，但仁宗爱惜他的才华，始终没有同意。

延祐六年（1319年），管道昇病重，五月病逝于归乡的舟中，在夏至荼蘼的芬芳日子里结束了不输男子的一生。

赵孟頫的世界从此一片黑暗孤寒，再无温暖他的人。三十年的婚姻，管道昇是他的知己、亲人、爱人、挚友，她骤然逝去，他痛彻心扉。她离去半年，他痛犹未定，每日抄写佛经为她超度，还亲自去寺院做法事。爱之深切，思念蚀骨。他病痛不断，却无心诊治。他在给友人袁伯长的信里写道："终日茕然，独处一室，无复生意。"她走了，他茕茕孑立，活着变成了无趣的煎熬。

三年后，赵孟頫在病痛中离世，追随管道昇而去。次子赵雍将他们合葬在德清县千秋乡东衡山，他们做到了"生同一个衾，死同一个椁"。

《鸥波亭图》是两人合作并流传于世的唯一高头大轴，流传有序，多位名家题跋，在收藏界有"性命可轻，此宝难得"的美誉。展开画卷，鸥波亭巍然而立，宛如他们坚实的情意。柏树与新篁相依相偎，根在土下拥抱，叶在云里交缠，如同他们涅槃重生的爱情。

得一心人是理想，知过能改是生活。**完美的婚姻，需要天时地利的恰好相遇，需要彼此投契的相知相爱，还需要一点经营的智慧，古今皆是。**

《富春山居图》
——宿命里的坎坷和传奇

《富春山居图·剩山图》

《富春山居图·无用师卷》

【文物档案】

图名：《富春山居图》。
　　　　前半段为《剩山图》，后半段为《无用师卷》
作者：黄公望　　**创作年代**：元代　　**材质**：纸本
规格：《剩山图》，纵31.8厘米，横51.4厘米；
　　　　《无用师卷》，纵33厘米，横636.9厘米
现收藏地：《剩山图》，现藏浙江省博物馆；
　　　　　　《无用师卷》，现藏台北故宫博物院

2011年6月，亚热带的季风为台北带来了炎热濡湿的气候，黏腻的空气和热烈的阳光像密不透风的网，令人闭门不出。然而从1号开始，陆续有人流涌入台北士林区，不惜从清晨六点便开始排队等候，只为目睹一件中国书画艺术史上的盛事——分离了三百六十年之久的《富春山居图》的两部分，《富春山居图·剩山图》与《富春山居图·无用师卷》在台北故宫博物院合璧展出。整整两个月，共有五十多万人参观。

这样的盛况，一方面源于《富春山居图》是中国十大传世名画之一，魅力旷古烁今；另一方面，这幅画似乎带着某种宿命，从诞生那天开始便颠沛流离，磨难不断，甚至一分为二，合璧之观数百年难得一见，一如它的作者黄公望的命运。也许，艺术作品倾注了艺术家的心血，故而也浸染了艺术家的灵气和命运吧。

《富春山居图》是元代水墨山水的扛鼎之作，被誉为"画中之兰

亭"。元代是继宋代后又一山水画的高峰期。如果说宋代绘画是沃土培植出的仙葩，有皇家重金投入的院体画，也有富庶宽松的环境滋养的文人画，元代绘画则是悬崖峭壁破土扎根的寒梅，深受压制、鄙薄的汉族文人在纡郁愤懑中用水墨寄托自己的逸兴神飞。故而元代的文人山水画最为兴盛，以黄公望、王蒙、倪瓒、吴镇四人为代表，被后人称为"元四家"。他们均为江浙人士，师法五代的董源、巨然的南派山水画，并受元初书画家赵孟頫的影响，但又各有其特点创新。黄公望为"元四家"之冠，他的传世画作中，《富春山居图》将元代写意山水画发挥到了"天人合一"的孤篇横绝境界，且与他的命运段段相契。

《富春山居图》原画在六张纸上，然后接裱成了长卷。画面以交响乐般的宏大篇幅描绘了富春江两岸初秋的景色，山川浑厚，草木华滋。构图采用"平远法"，散点透视，观者如沿着江畔眺望远处的山水一色、水天相接，景随人迁，人随景移。

画面第一段为《剩山图》部分，大山拔地而起，浑厚敦实。黄公望用最擅长的"长披麻皴"法（图1），绘制了鸿篇开端。山势高大厚重，偶有亭台楼阁，山上林

图1 《富春山居图》第一段使用的披麻皴法

木森森，郁郁葱葱，充满生机，犹如黄公望的人生开端，开启在高山之巅。

南宋度宗咸淳五年（1269年），黄公望生于平江府常熟（今江苏常熟）子游巷一户贫苦人家。他本名陆坚，幼年时父母相继去世。随着南宋的灭亡，蒙古人的铁蹄踏碎了烟雨江南，年幼的黄公望在乱世中艰难度日，辗转求存。十岁的时候，他被过继给了浙江永嘉（今浙江温州）平阳县的老翁黄乐。九十多岁的黄乐一直没有孩子，如今得偿所愿，他高兴地说道："黄公望子，久矣。"遂给孩子改名黄公望，字子久。班固《汉书》颜师古注云：

师古曰："望，谓太公望，即吕尚也，钓于渭水。文王将出猎，卜之，曰：'所得非龙、非螭、非豹、非罴，乃帝王之辅。'果遇吕尚于渭阳，与语，大悦，曰：'吾太公望子久矣！'故号曰太公望。"

文王遇到垂钓的姜子牙后，相见恨晚，说"太公盼望你很久了"，所以姜子牙也叫"太公望"。而说出"黄公望子久矣"的黄乐，想必也听过《汉书》这段著名的典故。他对孩子寄予厚望，用心培养，除了教导儒家经典，也教书法绘画、音律谱曲，希望黄公望能成为姜子牙那样辅佐帝王的栋梁。黄公望不负所望，他是天才儿童，博闻强识，十二岁时便通过了县里的童子试。他的少年时期，优渥富足，满手攥着未来的万斗烟霞。

《富春山居图》的第二段，画面开始转折，山势渐落之后，是富春江水的开端。黄公望使用枯润相间的笔墨，描绘树木时用浓墨

图2 《富春山居图》的第二段

和湿墨勾画或点染。枯中有润,尤显江南景色的浓郁柔美。江水两岸遥相呼应,四周山石环抱江水,水岸坡石互拥,树木楼阁掩映,平淡中带着一丝萧索。(图2)

而黄公望的人生也渐渐下滑凄迷。元朝取消了科举制度,并且采用了极端的民族制度,将"民分四等",原南宋统治地区的汉人是最末的第四等人。黄公望做官无望,多年埋头苦读只为辅佐君王的愿景成空,他只能跟着一群江南才子排队等着做小吏的机会。

元世祖至元三十一年(1294年),二十六岁的黄公望被浙西廉访使徐琰辟为书吏,没多久,却因身穿道士服而被徐琰责怪,黄公望愤而辞职。愤怒的代价往往惨重,之后的十余年,黄公望一直为求仕途奔走于杭州的权豪门下,却犹如冷雨敲击铁窗,毫无入仕的机会,只余身心俱疲。唯一欣慰的是,他因此结识了书画名家赵孟頫,并得到了他的亲传心授,留下"当年亲见公挥洒,松雪斋中小学生"的诗句。黄公望的画技自此突飞猛进。他不会想到,此刻汲汲于功名的他,未来竟会以绘画安身立命,流芳千古。

直到四十三岁,黄公望才终于被江浙行省平章张闾再次任命为书吏。第二年,他随着张闾到了京城大都,在御史台下属的察院当掾吏。终于到了元朝最高的权力中心,朔风寒厉犹不为忌,望着太液池中的巍峨白塔,黄公望的仕宦热情被熊熊燃起。然而仅三年后,延祐二年(1315年),张闾因为苛暴税收闹出人命被查办,黄公望也受牵连进了牢狱。

冬夜凄寒,好友杨载带着酒菜来牢里看望黄公望。两人相对无言,只有默默地一边喝酒一边叹气。讽刺的是,黄公望刚进监牢,科举便恢复,杨载中举了。黄公望的才华远远高于杨载,可造化弄人,神童和金榜题名终究擦肩而过,未能逃得过命运的翻云覆雨手。临别时,杨载写下《次韵黄子久狱中见赠》一诗送给黄公望,其中有下面几句:

世故无涯方扰扰,人生如梦竟昏昏。
何时再会吴江上,共泛扁舟醉瓦盆。

《富春山居图》的第三段与第四段进入了新的乐章(图3)。画面再次陡然起伏,一个拄着藜杖的行人过桥,前面是连绵起伏的高山。山坳里有竹篱茅舍,也有亭台楼阁;山间有江水环绕,有樵夫负担而归,有渔夫坐船垂钓,也有读书人亭中静坐,构成了"渔樵耕读"的隐逸世界,如同金庸笔下一灯大师四位弟子的名号。(图4)山岚雾气,像隐庐,也像仙境。这两部分着墨最多,长披麻皴法横描水,竖画山,干笔勾勒山石树干,湿墨渲染树叶茂林,用清雅的笔墨把富春山间的盎然生机绘尽。黄公望用笔绘制了一个陶

图3 《富春山居图》的第三、四段

图4 画中的行人与"渔樵耕读"

渊明笔下的世外桃源，从山上的小口进去，芳草鲜美，落英缤纷，里面是一个质朴自然的世界。而随后的第四段笔墨最少，没有皴染，只有山水。水漫沙汀，平湖荡漾，一段最长的留白后，坡上小树浓墨点苔，宛如长久思索后了悟的重生。

热忱入仕却无辜受了三年的牢狱之灾，任谁的心都会寒凉似冰。黄公望在狱中自我对话，反思着前半生，慨叹人生自有定数，薄弱的身躯难敌命运的雨横风狂。五十岁已是知天命的年纪，他放弃了成为帝师的梦想，对仕途功名彻底绝望。

出狱后，黄公望决定以自己喜欢的方式开启人生的后半段。他加入了全真教，号"大痴道人"，结识了张三丰、莫月鼎、冷谦等道友，隐居在常熟小山头，后来到松江、杭州等地以算卦卖卜为生，看尽世人的困惑与疾苦。在道教"剪除乱心，真离凡世"思想的影响下，黄公望四处云游，把名山大川藏于胸中，再用笔墨畅抒胸臆。他找到了自己的精神出口，"小舟从此逝，江海寄余生"。

图5 《富春山居图》的第五、第六段，在第五段的长堤旁的江水中还有两艘并行的渔舟

《富春山居图》第四段的小桥通向了第五段的长堤烟树，在第五、第六段中，墨线拖带做堤，湿墨点出树荫，长堤两旁浩渺的江水中还有两艘并行的渔舟，仿佛天地中的一粒尘埃，在垂钓古来至今的寂寞。宽而远的白沙，连绵的远山，突显的高山，成了画面最后的收尾强音。峰峦叠嶂、绵延起伏的山势过后，水波盈盈，画面再趋平静，而留有的大段留白，余韵袅袅。（图5）

　　"失之东隅，收之桑榆。"仕途无望的黄公望，在书画界大器晚成。他在画坛名望渐起，人们争相向他索画。只是此时名利对他而言都失去了意义。他已通过绘画艺术和道教安放了自己的生命与苦痛，在回归山林后找到了不媚君不媚世的人格尊严。

　　至元四年（1338年），黄公望结庐隐居于杭州筲箕泉，把自己释放在林泉画酒中。他往来三吴，饱览山川，喜欢在月夜和道友泛舟太湖，吹着铁笛，尽享夜的肆意自由。月色皎皎，他独自撑着一艘小船出了城门，绕着山缓缓划着，船尾用长绳拴着很多酒瓶，他

要找个景致好的地方喝酒去。终于行到了一处桥边,他兴冲冲地跑到船尾一看,发现所有的酒瓶都不见了。原来一路钩钩绊绊,岩石早就钩断了系酒瓶的绳子。黄公望放声大笑,声振山谷,附近的老百姓还以为是神仙驾到。

至正七年(1347年),黄公望定居于富春江。"天下佳山水,古今推富春",富春江既有着青翠如画的景色,也有着独特的精神内核。近两千年前的东汉,一位叫严子陵的高士在富春江隐居,泛舟垂钓。他是开国皇帝刘秀的好友,可以把脚放在皇帝的肚子上一起睡觉,但无论刘秀怎样邀请他做官他都不肯入朝。严子陵的钓台赋予了富春江"君子之所以渴慕林泉者"的隐逸风骨,也成为黄公望的心灵皈依。

黄公望没能做成父亲期望的像姜太公那样钓到贤主的渔父,却选择做了严子陵般隐逸的渔父,在万顷碧波中寻找自由。

这一年,黄公望的师弟郑樗(字无用)请他作一幅长卷相赠。他欣然允诺,用了三年时间,每天戴着竹笠,穿着芒鞋,背着皮囊画具,沿着富春江畔走走停停,看景致随着天气和光线的变化,将四时早晚的山水树木在胸中定格。

无用师弟等不及,屡屡来催促,黄公望便在画上题跋:"至正七年,仆归富春山居,无用师偕往,暇日于南楼援笔写成此卷……无用过虑有巧取豪夺者,俾先识卷末,庶使知其成就之难也……"他预料到以后会有人巧取豪夺,特意先写明这幅画是送给无用的。

无用好奇地问他,善于卜算的他是不是占卜到了未来?黄公望笑而不答。何需占卜?美好的东西定会激发人性的贪婪和丑恶,他虽然远离尘世,但熟谙人性。

至正十年（1350年），黄公望终于绘制完成这幅《富春山居图》。这是一条河流的一生，从春夏到秋冬，从繁茂到萧索；这是一个人的一生，从意气风发，跌宕坎坷，到垂暮平顺。黄公望读懂了富春江，富春江也读懂了黄公望。

四年之后，黄公望去世，享年八十六岁。他的坎坷命运竟然像血脉般注入了他绘制的《富春山居图》中，由它继续着颠簸多舛的命运。

元朝覆亡后，《富春山居图》几经辗转，到了明朝绘画大家、唐伯虎的老师沈周的手里。一幅名画，遇到一个懂画的人，按理说是它的幸运，然而《富春山居图》第一次验证了被"巧取豪夺"的宿命。

文人的弱点，是把"名"看得太重。沈周深爱《富春山居图》，看到画上只有黄公望的自题，便去找当世的书画名家在画上题跋，以提升画的名望。其中一位朋友把《富春山居图》留下欣赏，几天后沈周去讨要，朋友却说画被儿子偷去卖了。沈周明知是谎言，却也只得无奈离去。

几年后，沈周在江南书肆与《富春山居图》重逢，他欣喜若狂，可是卖家要价太高，沈周没有那么多钱，只好回去四处筹借。当他带着银子再去书肆时，《富春山居图》刚刚被人以高价买走。沈周再次与它失之交臂。

又是几年过去，沈周竟然在好友樊舜举的家里看到了《富春山居图》，只是明珠有主，他们遥遥相隔，仿佛从未相遇过。沈周在《富春山居图》后面题写了这段有缘无分、失之交臂的往事。

百年如白驹过隙，明亡清立，《富春山居图》在民间销声匿迹。

顺治七年（1650年）的一个晚上，白梅飘雪，宜兴吴府灯火通明，府里不时传来呜咽啼哭的声音。吴府的掌事人吴洪裕躺在床上气若游丝，却仍然憋着一口气，直勾勾地盯着房间的一个地方。他身边的侍妾明白，便把放在那里的《富春山居图》拿来，那是吴洪裕的心头肉。

吴洪裕颤抖地摩挲着画，他一生爱这幅画爱得痴绝，晴天看它，雨天看它，雪天看它，吃饭看它，睡觉抱着它，甚至专门建了一座富春楼放它。当年大明覆亡，他逃难都舍不得抛下它。如今他要离开人世，它怎么办？

吴洪裕想了许久，终于挤出一个字："烧。"他要它殉葬，到了另一个世界，他还要看着它。他没有沈周那样的胸襟和气度，他爱的东西，就要爱到极致，生相陪，死相伴。

下人只得按他的吩咐照办，在屋外架起炭火盆，把《富春山居图》扔进盆里，旷世墨宝即将付之一炬。在这电光石火之际，吴洪裕的侄子吴静安飞快地冲上前把画从火盆里抢出来，塞到了袖子里，又丢了一幅别的画进去掩人耳目。吴洪裕没有发现，当烟灰弥漫时，他安心地走了。

幸好屋外飞雪连天，画基本保留了下来，但前面烧掉了一部分，中间烧出六个连珠洞。两年后，吴家子弟吴寄谷把烧焦的部分重新装裱，《富春山居图》从此一分为二，前部分正好有一山一水一丘一壑之景，被称作《剩山图》；后半部分长卷，以无用师弟的名字命名为《无用师卷》。它被人癫狂地爱过，毁灭过，但还是像它的画者黄公望一样，顽强地存活了下来。

转眼又是一百年,《富春山居图》先后在张范我、季寓庸、王鸿绪、高士奇等人的手里流转,每个人都很珍爱它,但每个人又都守不住它。

乾隆十一年(1746年),紫禁城秋雨绵绵。傅恒向乾隆皇帝进献了一幅《富春山居图·无用师卷》。这是从收藏名家安岐家里出来的,因安家发生变故,故而卖画筹钱。乾隆有点为难,去年已有人进献了一幅《富春山居图》,他奉为真迹,随身携带,时时赏玩,如今又得一幅,怎么分辨真假?

朝中有汉臣对字画造诣颇深,乾隆决定把难题交予他们。第二天,沈德潜、梁诗正等汉臣被乾隆召进宫里鉴定《富春山居图》的真伪。大臣们围着桌上的两幅画仔细辨认,眉头紧锁。难的其实不是鉴定,而是揣摩帝王的心思。两幅画中,第二幅很明显是真迹,可是第一幅画已满是帝王的题跋钤印,如果说是赝品,帝王的脸面何处安放?而且乾隆帝对书画颇有见地,不会分不出真假,之所以搞这场鉴定,也许是指鹿为马,像赵高一样测试他们的忠心?

于是大臣们纷纷表态,认为帝王早已获得的第一幅为真迹。

乾隆得到了他想要的结果,满意地指着真正的《富春山居图》说道:"这虽然是赝品,但有古香清韵,非近日俗工所能为,不妨并存。"皇帝拍板,假作真时真亦假。

乾隆最终还是用两千两银子把真迹买了下来,束之高阁,这绝世珍宝他不会允许流落他人之手。他继续把赝品带在身边赏玩。真假不重要,权威才重要。他也许从未爱过《富春山居图》,他爱的只是它的名气和地位。

珠玉蒙尘,《富春山居图·无用师卷》在清皇宫的宝库里静静地待了二百多年，安全地坐着"冷宫"。它历经巧取豪夺，险焚殉葬，至于蒙受冤屈，已算不得什么。磨难尝遍的它想必和黄公望一样，对命运已经坦然。

1931年，"九一八事变"，故宫的文物南迁，专家筛查文物的时候，终于给蒙冤二百多年的《富春山居图·无用师卷》平反昭雪。它从南京到四川、贵州，最后去了台湾，收藏在台北故宫博物院。

而另一段《剩山图》沉寂了多年后，终于在1938年被江南鉴定"一只眼"——书画专家吴湖帆正名，鉴定为《富春山居图》的前半段。中华人民共和国成立后，《富春山居图·剩山图》被浙江省博物馆收藏，至今仍为镇馆之宝。

《富春山居图》一分为二已六百多年，经历过2011年的短暂合璧之后，如今两部分仍然隔着海峡，遥遥相望。这幅画的意义已不仅仅是技艺的精妙、山川自然的气韵、文人的隐逸哲学，它已变成了历史的记忆和两岸悲欢离合七十多年的文化裂口，变成了中华民族"我在这头，大陆在那头"的乡愁。

也许未来，可以一江春水接续而流；也许未来，可以再次两画合璧，人画两圆。**颠沛流离、坎坷多舛从来只是命运的片段，而不是命运的主流，永恒才是。**

一切可期。

《王蜀宫妓图》

——命运借他轻狂,偿以悲凉

蓮花冠子道人衣日侍君王宴
紫做花枒不知人已去年闌係
與孛緋
蜀後主每於宮中裹小巾命宮妓
衣道衣冠蓮花冠日尋花柳以
侍醼宴蜀之謠曰澄巴濫耳失而主之
不恤注之竟至濫賜俾後想摇
頭之令不無托睇唐寅

【文物档案】

图名：《王蜀宫妓图》　　作者：唐寅
创作年代：明代　　规格：纵124.7厘米，横63.6厘米
材质：绢本　　现收藏地：北京故宫博物院

五代十国时期的前蜀后主王衍骄淫好色，喜欢让后宫妃嫔身穿道士的服装，头戴莲花金冠，脸上涂上红色的脂粉与他饮酒作乐。当她们在宴会上喝醉后，摘下金冠，发髻就散落着自然垂向两边，亦道亦俗，别有风情，成为风靡一时的"醉妆"。

六百年后，这些饰以"醉妆"的女子出现在明代才子唐寅的画中，四人亭亭而立，如醉如诉。这幅画被明末收藏家汪砢玉收录时，认为是五代十国时期后蜀末代皇帝孟昶的典故，故而定名为《孟蜀宫妓图》，俗称《四美图》，并一直沿用数百年。直到近代被考证为前蜀王衍的后宫故事，遂改为《王蜀宫妓图》。

绘画发展到明代，画风迭变，画派繁兴，主要有师承南宋院体画风格的宫廷绘画和浙派，以及具文人画风格的吴门画派。而吴门画派逐渐成为画坛的主流，因该派的画家大多在吴郡（苏州），故称吴门。它继承了宋元文人画的传统，崇尚笔墨意趣和"士气""逸格"，寓情于画，以山水、花鸟、人物等题材表现自身的品格和情怀。其中沈周、文征明、唐寅、仇英最负盛名，被称为"吴门四家"。

《王蜀宫妓图》是吴门画派的代表之作,它是唐寅一生中最好的一幅仕女图,也几乎是整个明清时期最美的一幅仕女图。

画面构图为明代流行的竖构图样式,没有衬景,菱形布局,四位仕女交错而立,有正面有背面,层次丰富,避免单调。唐寅吸收了唐代仕女画中的主仆组合构图,正面的两位头戴莲花冠,身穿道衣,服饰艳丽华贵;背对的两位婢女服饰简单,一人端着盛有酒壶吃食的托盘,一人提壶倒酒服侍。正对的蓝衣女子似乎在劝饮,而红衣女子已经不胜酒力,摆手欲止,却被蓝衣女子挡住。人物神态、举止互相关联,彼此呼应,使得画面生动传神。

画中人物造型富有时代特色,不同于唐代的丰腴,而是符合明代特色的清秀娟美的审美理念,体态匀称,削肩狭背,创新地描绘了明代仕女柳眉、细眼、樱唇的容貌,下巴尖削,更显得弱不禁风、楚楚可怜。

这幅画最为人称道的技法是线条的运用。唐寅的线条清细,骨法用笔,集历代大家所长,既有高山流水的笔意,又有卷褶飘带的笔势,简洁明快,刚柔相济。衣纹的线条采用了铁线描,精秀细劲,一气呵成,如春蚕吐丝。衣冠服饰的描绘极为工细,流转自如,衣物上的仙鹤云霞亦栩栩如生。

画面设色工笔重彩,明净妍丽。**唐寅用"三白"设色法(图1),在仕女上额、**

图1 唐寅的"三白"设色法

鼻尖、下巴涂以白粉，使得脸部如打了高光，更为立体，被称为"唐三白"。这是辨别唐寅画作真伪的一个标准。这种"三白法"在南北朝时已有雏形，在唐代张萱、周昉等的仕女画中也有使用，到唐寅时达到巅峰。画中人物色彩对比鲜明，正面而立的两人分别身着深赭、花青①道衣，争绯斗绿，色彩对比强烈，产生了生动醒目的视觉效果。而背对的两人，一人着淡黄色长褂，一人着淡青色，颜色清雅，符合婢女的身份，也使得画面设色富于变幻和节奏感，既有浓淡冷暖的颜色对比，又有相近色泽的呼应对称，过渡巧妙，搭配自然，整体色调丰富和谐，浓艳而兼具清雅。

画上有唐寅的题诗"莲花冠子道人衣，日侍君王宴紫微。花柳不知人已去，年年斗绿与争绯"，以及题字"蜀后主每于宫中裹小巾，命宫妓衣道衣，冠莲花冠，日寻花柳以侍酣宴。蜀之谣已溢耳矣，而主之不挹注之，竟至滥觞。俾后想摇头之令，不无扼腕。唐寅"。诗文自然清丽，字迹俊逸秀拔，实现了诗、书、画三绝的至高审美意趣。

在整幅画艳丽明亮的色调之下，仕女宫婢们的表情却无一丝快乐欢欣，也没有道家的道骨仙风，反而满目空虚寂寞，忧伤惆怅，流露出脆弱无助、不堪一击的气韵，一如画者唐寅的人生。

唐寅有一个世人更为耳熟能详的名字——唐伯虎。唐伯虎是文学作品和影视剧中的常客，故事里他是江南四大才子之首，风流倜傥，才华横溢，文武双全，娶了八位夫人，还点了秋香，凑成"九美"……可惜的是，真实的唐寅，命运给予他的剧本全是坎坷

---

① 花青：蓝色。

悲伤的，令人扼腕叹息。

成化六年（1470年），唐寅出生于苏州府吴县（江苏苏州）一个商人家庭，因为生在庚寅年，属虎，且是家中长子，故名唐寅，字伯虎，小字子畏。父亲唐广德开着一间酒肆，家境富足小康。

那是个以出仕做官为主流上品的时代，而科举是唐寅通向仕途的唯一路径。唐广德对唐寅寄予厚望，不惜花费重金，遍访名师大儒，为唐寅传道授业，更找来大画家周臣和沈周教授他绘画。周臣忠实于院体画风（他还有一位学生为"吴门四家"之一仇英），沈周是吴门画派的开山始祖，故而唐寅的画风糅合了院体画的工致细腻和文人画的潇洒写意，后来青出于蓝，名气远远大过两位老师。

唐寅聪慧过人，天赋极高，十六岁时便夺得了童生进学考试的第一名，轰动了整个江南，被誉为"神童"。少年成名的唐寅身边聚集了一众才华横溢的好友，有寒门出身、荒诞不经的张灵，有身为官宦后人却喜欢粉墨登场令梨园子弟自愧不如的祝允明（祝枝山），也有老实本分、刻苦求学的文徵明……唐寅与祝枝山、文徵明、徐祯卿被冠以"吴中四才子"的美誉，也是影视剧中"江南四大才子"的原型。

人不轻狂枉少年，何况是天才少年。唐寅崇尚游侠的快意人生和魏晋名士的放荡不羁，无视礼法，狷介轻狂。他有才气和资本俯瞰众人，甚至俯瞰世俗和规则。他与张灵脱光衣服，跳到府学的水池里打闹，引得众人掩面。他与张灵、祝枝山在虎丘假装乞丐，冒着雨雪唱莲花落，讨来钱后就买酒在寺中痛饮。他捉弄老实的文徵明，假借游湖之名把文徵明诱骗上船，行到湖中让事先藏在舟中的妓女出来陪酒，文徵明忠厚正直，吓得大叫，险些掉入水中，召唤别的船家过来落荒而逃……他的青春肆意张扬、鬼马精灵,奇巧绚丽得像不真实的梦。

十九岁那年,唐寅与苏州名流徐延瑞的女儿徐氏结为夫妻。他们门当户对,伉俪情深。那是他一生中最温暖美好的时光,事业、家庭、朋友、声名齐备。上天把所有的人间圆满,都慷慨地借给了他,让他在幻境般的幸福中沉迷快乐,恣意狂放,却不曾告诉他,幻境终会破灭,他要用一生的凄凉悲苦去抵偿。

弘治七年(1494年),二十五岁的唐寅遭遇了人生的第一次厄运。他的父母、妻子、儿子、妹妹相继离世,只留下他和弟弟唐申。他在给好友文征明的信中写道:"父母妻子,蹑踵而殁,丧车屡驾,黄口嗷嗷。"不幸的事接踵而至,门口的丧车都没有停过,家里的幼子嗷嗷待哺,凄惨得令人心酸。

此后唐寅的书画,印章变成了"白虎"。白虎是煞星、孤星,就如他孤独邪气的人生。他沉浸在巨大的悲痛中难以自拔。人生无常,生命如烟花一般短暂易逝。市井出身的他只能用最常见的方式麻醉自己,排解痛苦。及时行乐,饮酒狎妓,他狂放地过着每一天,生怕第二天就再也看不到升起的朝阳。

这样的日子过了许久,直到他惊觉自己鬓角已白,可他还不到二十七岁。在好友祝枝山、文征明的劝慰下,他终于觉醒,发奋读书。那是父亲的遗愿,也是他自己的前途。

天才只需要将目光注视前方,便能一飞冲天。弘治十一年(1498年),二十九岁的唐寅中应天府乡试第一,成为名扬四海的"唐解元"。他再次人生得意,续娶了妻子,并作《题画》诗:

秋月攀仙桂，春风看杏花。

一朝欣得意，联步上京华。

他以为"解元"将是他人生腾飞的起点，从此会扶摇直上九万里，却不知那是他的巅峰，也是他第二次厄运的开始，他将落入万劫不复的境地。

弘治十二年（1499年），唐寅赴京参加会试，途中结识了江阴富家子徐经。徐经久慕唐寅才名，热情与他结交，一路同船结伴而行。徐经带着十多名书童仆从服侍，排场极大，而唐寅言谈犀利，自信轻狂，两人在京城游玩驰骋，惹得一众赶考举子侧目。之后徐经带着唐寅拜谒了当次会试的主考官、时任礼部右侍郎的程敏政，得到程敏政的赏识。唐寅成了会试夺魁的热门。

在春闱结束后的宴会上，大家讨论谁能高中状元，唐寅成竹在胸，豪言壮语道"舍我其谁"。说者无心，听者有意，他的酒后狂妄之言引来了嫉妒，也招来了祸事。

几天后，户科给事中华昶弹劾程敏政向徐经、唐寅泄露考题。科考舞弊自古便是大案，孝宗皇帝震怒之下命令彻查。唐寅和徐经一起被捕入狱，惨遭刑讯逼供。他在后来给文徵明的信中形容这段经历："至于天子震赫，召捕诏狱，身贵三木，卒吏如虎，举头抱地，涢泗横集。"

经过数月的审理、拷问和对质，始终没有有力的证据。而另一名会试主考官李东阳举证徐经和唐寅并不在录取人员之内，所谓的贿赂便成乌龙。

这场因流言立案的舞弊案真相如罗生门，有人说是徐经贿赂了程敏政的僮仆，买到试题，让不知情的唐寅起草文章，这也是最广泛流传的一种说法；也有人说徐、唐二人都属无辜，只是官场权力斗争的牺牲品；还有人说是唐寅狂傲招妒，被好友都穆诬告……

无论真相如何，最终的结果是各打五十大板，程敏政以"临财苟得，不避嫌疑"的罪名致仕，出狱四天后愤懑而死；弹劾的华昶因所奏不实被贬官；而唐寅和徐经终生不得再入科举考场，不得为官。但孝宗怜惜唐寅的才学，将他贬黜到江浙县城做一名小吏。唐寅认为这是奇耻大辱，不肯赴任。

一场葫芦案，让徐经和唐寅的命运从此天翻地覆。徐经的余生都在为翻案奔波，三十五岁客死途中，他告诫子孙永远不要读书考科举，他的玄孙徐霞客成了著名的地理学家。而唐寅成了无法入仕的文人中最令人心痛的那个。他不是屡试不中，也不是怀才不遇，他明明有状元之才，却被生生折断翅膀，无法翱翔。

回到苏州，往日的唐寅有多风光，如今就有多落魄。人情冷暖，世态炎凉，亲戚街坊嘲讽指责，冷眼相待；续娶的妻子毫不犹豫地抛弃了他，就连家里的恶狗都咬他，不让他进门。他无处容身，只得外出游历——祝融、匡庐、天台、武夷、洞庭、彭蠡，为他今后的山水画作提供了素材，开阔了视野，却并没有令他释怀。回到故乡，他身心疲惫，大病一场，一年多后才痊愈。

仕途功名已经幻灭，唐寅彻底放纵于诗酒风月、烟花柳巷中，他找不到适合自己的社会位置。向上无门，一身才华又不甘心委身做吏，那么不如只做狂放不羁、任性本真的自己，管它什么儒家陈腐的立德立言，千秋名声。

唐寅挥金如土的生活让本就无人经营的家道更加衰败，弟弟唐申与他分了家。唐寅的日子渐渐捉襟见肘，窘迫艰难。一身傲气的他不愿食天子的粟米，决定靠自己的才华卖画为生。他在《言志》中写道：

不炼金丹不坐禅，不为商贾不耕田。
闲来写就青山卖，不使人间造孽钱。

现实中的风流总被雨打风吹去。卖画便要迎合市场和大众的口味，众口难调，唐寅的风格也因此多变，甚至为了生计，还画过不少春宫图。

唐寅对山水、人物、花鸟都很擅长，他经历过人生的至苦，呈现在笔端的却是婉约清秀的至美。他的山水画如《春山伴侣图》（图2）吸取各家精髓，融合了北派画格的雄浑阔大和南派山水的豪纵奔放，自创出一种刚柔相济的清妙美感，极为畅销。但民间流传最广的还是他的仕女画，这些画不仅笔法工细，神韵流转，更投射了他个人的理想、际遇，这一题材画被他推至顶峰。

唐寅选取下层女性宫伎、歌女、丫鬟等为素材，她们与他"同是天涯沦落人"。她们被帝王夫君弃置，惜春自怜，哀怨叹惋，如同他被君王放逐的人生，仕途无望，惆怅凄凉。除了《王蜀宫妓图》，他在《秋风纨扇图》（图3）里，用班婕妤做《怨歌行》的典故，以秋天的团扇隐喻自己的不合时宜；也在《牡丹仕女图》（图4）里，用国色天香的花团却难掩女子惜春的忧伤，来表达自己身在繁华地，满身才华却被弃的落寞悲愁。

图2　明代·唐寅《春山伴侣图》
上海博物馆藏

图3　明代·唐寅《秋风纨扇图》
上海博物馆藏

图4　明代·唐寅《牡丹仕女图》
上海博物馆藏

　　唐寅在秦楼楚馆用温柔安抚内心的忧愁，他结识了官伎沈九娘。九娘才貌双全、善解人意，在他苍白孤苦的精神世界里点起了一盏温暖的灯。

　　弘治十八年（1505年），唐伯虎无视世俗礼教，为沈九娘赎身，续娶为妻。他们在苏州城郊的桃花坞，借钱置办了桃花庵别业。此时的唐寅画名远播，生活渐顺，过往的伤痛渐渐平复，于是有了那首潇洒快意的《桃花庵歌》：

　　桃花坞里桃花庵，桃花庵里桃花仙。桃花仙人种桃树，又折桃花卖酒钱。

酒醒只在花前坐,酒醉还来花下眠。半醒半醉日复日,花落花开年复年。

但愿老死花酒间,不愿鞠躬车马前。车尘马足富者趣,酒盏花枝贫者缘。

若将富贵比贫贱,一在平地一在天。若将贫贱比车马,他得驱驰我得闲。

别人笑我太疯癫,我笑他人看不穿。不见五陵豪杰墓,无花无酒锄作田。

"姑苏城外一茅屋,万树桃花月满天",那是陶渊明笔下的世外桃源,也是远离尘世纷扰,独属于唐寅和沈九娘的爱巢。他们有了一个女儿,取名"桃笙"。

在那片粉色旖旎的世界,唐寅卸下疏狂傲诞的坚硬,放任内心敏感温柔的本真。他在桃花庵的空地上种了牡丹花,邀请文征明、祝枝山前来观赏赋诗。花落时,他心痛得大哭,把落花捡起来放到锦囊中,埋葬在药栏东畔,作《落花诗》。《红楼梦》里林黛玉葬花的桥段,便来自于此。

可是上天将他最后一点幸福也掳走了。正德四年(1509年),苏州水灾,民生艰难,唐寅的画卖不出去,家中连柴米钱也无着落。沈九娘操持着一家的生计,过度劳累病倒了。尽管唐寅拼力救治,沈九娘仍然在三年后撒手人寰。

唐寅欲哭无泪,上天对他太过绝情。但凡给他的美好温暖,最后总要以痛彻心扉的方式收走。弟弟过继给他的侄子死了,九娘死了,只剩他和女儿相依为命。他无能为力,只能用诗词倾诉对九娘的相思:"相思两地望迢迢,清泪临门落布袍。杨柳晓烟情绪乱,梨花暮雨梦魂销。"此后,唐寅没有再娶。当时间的沉淀赋以对的人,他原本可以很深情。

正德九年(1514年),四十五岁的唐寅迎来了人生最后的转机。宁王朱宸濠重金聘请唐寅和文征明前去论诗作画,充当幕僚。文征明不愿与藩王结交,因而拒绝了。可对于仕途无门的唐寅来说,那无疑是一次难逢的机会,他欣然前去。

唐寅为宁王作了九幅美人图,并各题七绝一首。宁王准备凑齐十幅进献给正德皇帝,这也是后世流传唐寅有九位夫人的来由。数月后,唐寅惊觉宁王在招兵买马,有谋反之意。唐寅终究有士子文人的底线,绝不可能谋逆。可是宁王狡诈多疑,他怎样才能全身而退?

无奈之下,唐寅只能把他的狂放发挥到极致,他装疯卖傻,嬉笑怒骂,甚至裸奔,吓得宁王府的女眷惊叫失色。正德十年(1515年)三月,宁王朱宸濠终于发怒,把他赶走了。四年后,宁王果然造反。

唐寅逃过一劫,然而他的声名因为在宁王府的行为而更加狼藉。经历过生死幻灭,浮名对他而言早已无所谓了,从此他彻底断绝了仕途功名的心思,将精神寄托于佛教,自号"六如居士"。"六如"也称"六喻",佛教以梦、幻、泡、影、露、电比喻世事空幻无常。他有太多的疑问困惑,也许佛理也难以解释他的悲戚,只能用"命运"注解。

嘉靖二年十二月二日,即1524年1月7日,唐寅贫病交加,题笔写下《临终诗》后，坦然去世。

> 生在阳间有散场，死归地府也何妨。
> 阳间地府俱相似，只当漂流在异乡。

唐寅死后，身后事由祝枝山、文征明等一众好友筹办，祝枝山为他写了很长的墓志铭，而碑铭用了他人生巅峰时期的头衔，题为"唐解元之墓"。

唐寅就这样走完了其跌宕坎坷、放纵不羁的一生。命运捉弄了他，也成就了他。他虽然仕途失意，却成了名垂千古的画家。他与笔下的《王蜀宫妓图》中的仕女有着相同的命运，却活出了不同的奔放精神。他像一株柔韧的藤蔓一样，沿着苦难的尖刀向上攀爬。他抛却了儒生"家国天下"的情怀，把个体从制度和礼教中剥离出来，无拘无束，恣意生长，活成了"宋明理学"框架外的鲜活生命。

有的人是光，注定不属于某个时代，而属于璀璨的历史星河。

《孤禽图》

——天才在左,白眼在右

叫曙陽沙水
芝

【文物档案】

图名：《孤禽图》　　**作者：**八大山人
创作年代：清代　　**规格：**纵103.5厘米，横44厘米
材质：纸本

2010年12月11日的北京市文物公司五十周年庆典夜场上，一幅看起来并不起眼的花鸟画《孤禽图》，竟然被胶着叫价争夺，最终以6272万元的"天价"成交，引起了人们的关注，被称为"史上最贵的鸟"。

这是一幅构图极简的画，仅在画面下方绘制了一只孤零零的禽鸟。它一只脚支撑立地，另一只脚收到腹下，缩颈拱背，一副兀自傲立的神情。而最引人玩味的是它竟然翻着白眼看人。画的左上方有"贤昭阳涉事"的题字，并有作者"八大山人"的花押签名。

明代末年，曾经统摄画坛的吴门画派渐渐式微，被以董其昌为代表的取法古人、笔墨清淡的华亭画派取代。而深受吴门画派和浙派影响的徐渭独辟蹊径，以狂草式的泼墨笔法，完成写意花鸟画的根本性变革，并对后世产生了宗法式的影响。及至清朝，绘画的门派、风格更加繁多。在清初的顺治、康熙年间，有以"四王"王时敏、王鉴、王翚、王原祁及恽寿平、吴历六大宗师为代表的正统派，他们承续明末董其昌的摹古风格，受到皇室贵族的认同。而更为后世流传的，是以"四僧"八大山人、石涛、髡残、

弘仁为主的野逸派，他们是生活在南方的明朝遗民，有着亡国的痛思沉郁，进而寄情于画中，各有成就。其中又以八大山人名气最高。

八大山人兼工山水画与花鸟画，其写意花鸟画极具个人风格，独傲画坛，前无古人，也成为后人难以企及的划时代高峰。八大山人承袭了徐渭的泼墨写意，却更加严整可收。他的画造型奇特，不追求形似，与所绘物体的真实形象相去甚远，甚至偏于魔幻现实主义的风格。画面布局讲究，用墨极少，简约含蓄，既有着孤僻幽冷的深邃情感，也有着禅意的侘寂美学，更有着晦涩难懂的影射深意；既吸引着画外的人，又疏离着画外的人。

这幅《孤禽图》是八大山人写意花鸟艺术成熟期的一幅精品。它有着八大山人花鸟画的典型特点"少"，他自称"廉"，描绘对象少，使用笔墨次数少，物象占的空间少。

《孤禽图》的构图简约干净，一只禽鸟构成了完整的画面，却不显单薄空虚，通过恰当的布局，"以少少许胜多多许"。笔法苍劲有力、雄劲肆意而收放有度，用墨淋漓酣畅。八大山人充分利用生宣纸吸水能力强、墨汁易扩散的特点，下笔浑厚丰润，渐渐洇出层次，故而笔墨少却能层次丰富，质感生动。画面运用了大量的留白，"计白当黑"，将留白作为构图的重要部分，方可"知白守黑"，用黑白对比去烘托画面主体，凸显"禽鸟"，使得画面空旷幽深，似乎有无穷未尽的意味，更显得孤禽遗世独立，卓尔不群。尤其是那个画龙点睛的白眼，将整幅画的气韵哗地释放，那孤禽桀骜不屈、独立于世的气质便跃然纸上。

这白眼是八大山人画中人和动物的标志性动作，作家余秋雨说这是"令天地为之一寒"的白眼。它是画的灵魂,也是他自己的灵魂。他是天才,也是疯子。白眼背后,是他难以言说的痛苦。

八大山人的身世极其显贵,他是明朝皇室的嫡系子孙,是明太祖朱元璋第十七子朱权的九世孙。朱权的封地初在大宁(今内蒙古宁城),故封号为宁王。靖难之变后,朱棣将朱权改封到江西南昌,宁王的子孙便在南昌繁衍生息。第四代宁王朱宸濠发动叛乱被镇压后,宁王封国被废除,只余弋阳、乐安等郡王尚存。

八大山人原名朱耷,天启六年(1626年)出生于南昌的弋阳郡王府。他的族谱名叫作朱统鏊。因为他的耳朵大而下垂耷拉着,疼爱他的父母给他取了乳名"耷子"。都说耳朵大有福,可是这话在朱耷身上并没有应验。

此时王府虽已没落,但终究是皇族,有着常人难以企及的优渥富足。大约宁王的基因里一直都有艺术的天分。朱权对弹琴、戏剧、茶道都极为精通,还写了理论著作。朱耷的祖父、父亲、叔父,都擅长丹青绘画。朱耷更是青出于蓝,他自幼聪颖过人,极有天赋,八岁便能作诗,十一岁能画青绿山水,还能悬腕写米芾的小楷,精通金石篆刻。他的口才也极好,诙谐幽默,见解独到,在众人面前侃侃而谈,令四座皆惊。多才多艺的他是家中的宠儿。

明朝的《国典》规定,宗室子孙不得参加科举考试,也不能为官,开支一律由国库承担。这也许是对皇室的厚待,也许是担心他们入朝把控朝政引起动乱。深受儒家传统教育影响,熟读四书五经的朱耷却不甘心像其他宗室子弟一样整日吟风弄月,游手好闲,他有满腔济世安民的热情与才华无处安放。于是朱耷做了一个惊世骇俗的决定,他放弃了世袭的爵位,以布衣的身份参加科举考试。

十六岁那年,他因乳名"耷子"取正式的学名朱耷,去参加科举考试,并一次就考取了秀才。他赢得了宗族的赞誉,成了父母的骄傲。不久之后,他娶了贤惠的妻子。此时的朱耷,家庭和美,豪情满怀,未来像秋天的澄空,向他铺开了明净的蓝图,只等他鹤啸九天,凌云腾起。

然而命运在他最美好的时刻按下了暂停键。崇祯十七年(1644年),大明亡了,崇祯皇帝在煤山的槐树上上吊自杀。天地改换,日月变更,清人的铁蹄夹着血雨腥风扫荡而来。第二年南昌陷落,兵火浩劫中,宁王宗族九十余口被杀。昔日有着锦绣前途的皇族子孙朱耷一夜之间成了亡命之徒,从前的锦衣玉食、功名利禄都化为泡影,连性命也悬在了刀刃之上,"赢赢然若丧家之狗"。父亲抱病而亡,朱耷带着家人躲进南昌西山的深山老林里避难,既是为父亲守坟,也是观察时局。

清廷很快对明朝宗室挥起了屠刀。顺治三年(1646年)五月,多尔衮以"私匿印信"为由,杀死了鲁王、荆王、衡王世子等人,随后又杀掉周王、晋王、德王等宗室。清军每到一处就以厚待宗室为诱饵进行招降,等他们真的投降便残忍地将其杀害。明朝的宗室子弟纷纷改名换姓,流离奔逃。

顺治五年(1648年),清军再次进攻南昌,围困多达半年之久,民不聊生。朱耷只好带着家人逃出南昌,来到奉新。妻子和孩子死在了逃难的途中,朱耷带着母亲和弟弟隐姓埋名,东躲西藏。最后在奉新县的耕香寺落发为僧,改名"雪个""雪介",用以躲避灾祸。

此时的朱耷只有二十三岁,却已经历了国破家亡、山河倾碎、民族危亡、生死一线的巨变。菩提树下,朱耷有了暂时的安宁。但他离开后,南昌再次被攻破,清军进行了惨无人道的屠杀。之后,清军又在多地"屠城"。每当闭上眼睛,朱耷眼前都是尸横遍野、血流成河的惨状,他只能不停在佛前诵经,祈祷着,超度着,为百姓,为其他逃难的宗室子弟。强烈的现实刺激,令他不再是从前那个"善诙谐,喜议论"的翩翩佳公子,而成了沉默喑哑的僧人雪个。

顺治十年(1653年),朱耷在耕香寺正式拜耕庵老人为师,学习佛法,法名传綮,号"刃庵"。六年后,朱耷接替耕庵老人主持耕香寺,成为得道高僧并开始讲经说法,跟随他的弟子有一百多人。

只是佛法并没能消除他心中的愤懑和迷惘,他仍关注着家国之事。他寄希望于南明小朝廷可以光复山河,但南京的弘光政权只坚持了一年就分崩离析,随后其他藩王陆续自立又纷纷覆亡,复国遥遥无望。心中的郁结苦寒无处排解,朱耷在诵经念佛之余,寄情于笔墨丹青。现存台北故宫博物院的《传綮写生册》就是他这一时期的作品,画的多是奇石花卉,以写实为主,并没有后期的怪诞手法。此时的他,看山是山,看水是水,身在佛门,心始终还在红尘游离。

随着清朝政权逐渐稳定,清廷对明朝宗室的追踪剿杀渐渐放松。顺治十八年(1661年),朱耷离开奉新,回到了故乡南昌,他转向了道教,想寻一个自在场。他在南昌城南郊的天宁观驻足,这里历史悠久,山明水净,曾为历代名士隐居修道之地。朱耷改建了天宁观，更名为"青云圃"①。他成为道观的住持，并取名朱道朗，字良月，号破云樵者。他的弟弟更名为朱道明，随他一起在青云圃中修行。大明山河虽已不在，但故国仍在回首月明中，在他的夜半梦中。他无法忘记，也无法释怀，只能处处隐喻他的拳拳之心。

康熙十三年（1674年）端午节后的两天，朱耷遇到了老朋友黄平安。两人多年未见，再见已经恍如隔世。见故人，思故国，两个人不禁相对而泣。饮酒畅聊之后，黄平安为朱耷画了一幅画像。朱耷看着画中的自己仍是明朝的衣袍帽服，感慨万千。此时名号为"个山"的朱耷为画题名《个山小像》②，写了多首题跋。压抑了多年的忧怀故国情绪喷涌而出，他忍不住在像上盖了一方"西江弋阳王孙"的朱印来表明身份。他本是朱明王室，奈何要苟且偷生？！他悲愤，也不甘。

康熙十七年（1678年），清廷开博学鸿词科，网罗天下英才，优抚故国遗贤，并开始修纂《明史》及各地的地方志。第二年，朱耷受临川知县胡亦堂的邀请，去参与临川地方志的编修撰写。

胡亦堂热情地款待朱耷，带他游览东湖寺和多宝寺等名胜，与他对弈、赏月、饮酒，表现了极大的诚意，但朱耷一直沉默不语，只是偶尔点头应答。胡亦堂不知道的是，朱耷内心已经压抑苦闷到了极点。他的国他的家都已灭亡，他还要为凶手效力修志，做清客相公，这种痛苦的撕扯令他濒临崩塌。他会突然发狂，又哭又笑，

---

① 嘉庆二十年（1815年）被改为"青云谱"。
② 该像1954年在奉新县奉先寺被发现，成为研究八大山人的重要资料。

或者苦痛流涕，不能自已。

康熙十九年（1680年）的一天，朱耷终于再也坚持不住了，他大哭着把身上的僧袍撕裂，并扔到火里焚烧，然后狂奔而出，从临川步行一百二十多公里，走回了南昌。

朱耷疯了。南昌街头，人们看到了一个怪异的僧人，他戴着布帽，拖着已经破烂的长领袍子，脚上趿着露出脚跟的破鞋，挥舞着两只袖子，在市集上来回游荡。一群孩子追着他笑闹，他的眼神空洞茫然，却又若有所思。没人能想到，他是曾经的皇室公子。直到他的族侄看到了他，才把他带回了家。

有人说朱耷是装疯逃离，但是纵观他的遭遇，他的痛苦又何尝不能真的摧毁他的整个精神世界呢？经过两三年的治疗，他的疯癫才渐渐好转。他将自己的名号改为"驴""个山驴"。他的自嘲中带着落寞无奈，也带着愤恨悲伤。

病愈后，朱耷没有再入佛门。他本只在佛门中避祸，这么多年的禅修，仍然断绝不了红尘旧心，也忘不了最初的身份和血脉，再入佛门又有何用？还俗后的他住到了南昌西埠门附近，以卖字画为生。

康熙二十三年（1684年），五十九岁的朱耷开始使用"八大山人"（图1）的署款题书作画，其他的名号都弃用了。有人猜测"八大山人"出自赵孟頫书写的《八大人觉经》，四方四隅没有

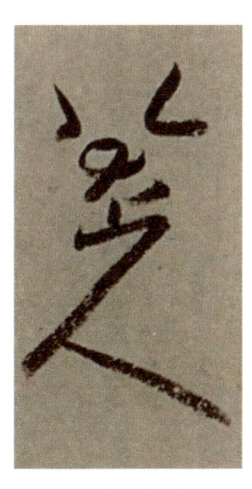

图1　八大山人花押签名

大于我的,故为"八大"。也有说"八大"是"朱耷"两个字去掉"牛耳"所得,而"执牛耳者"是指统治天下的当权者。当朱氏失去天下,"朱耷"失去牛耳,便成了"八大"。而朱耷的弟弟朱道明另有号为"牛石慧","八"字和"牛"字,合起来便是"朱"字。八大山人对故国的忧思怀念,没有一刻放得下。

他的"八大山人"签名写法如"哭之"也如"笑之",一如他哭笑不得却又不得不一半脸哭一半脸笑的人生。他还有一个常用的签押(图2左),后人拆解为"三月十九",这是崇祯皇帝殉国的日子。而另一个木屐形状的常用印章(图2右),至今众说纷纭,没有确定的答案。

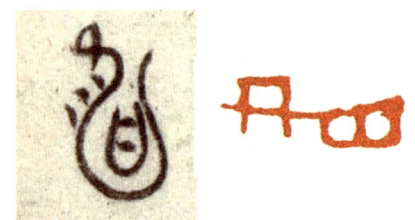

图2 八大山人的常用签押和印章

八大山人从此时开始进入创作的高峰期。他终于找到了精神的出口,灵魂的安放之处。他把所有的忧愤寄于笔墨中,艺术风格趋于成熟稳定,而且高产多出。他大器晚成,但出道即巅峰,用前半生的痛苦疯癫成就了后半生的辉煌。在文字狱的高压下,他的每幅图画如同他的签名花押、印章一样,都寓意晦涩,耐人寻味。正如他自己的题诗:"墨点无多泪点多,山河仍是旧山河。横流乱石桠杈树,留得文林细揣摩。"满纸文墨,都是一把社稷沦亡的辛酸泪。

他不追求笔下的物体形式上的像,浓墨寥寥几笔,生动传神。

佛家"色即是空,空即是色"渗透于他的绘画中,表象皆是虚无,鱼可以飞,鸟可以沉。而国家破碎、山河失色也导致八大山人的笔下从没有色彩,都是黑白沉郁。他的山水不是锦绣河山,而是荒凉萧条的残山剩水,他的石头(图3)大多上大下小,岌岌可危,他的荷花(图4)无根而出,枯枝撑着硕大的残叶。而他最具代表性的鸟和鱼,造型都很怪诞却又人格化,它们孤零零地横在纸张的中心,四周虚无,又似乎满溢着压抑。

他笔下的鸟(图5)仿佛沉入水中的鱼,很少展翅高飞,时刻保

图3 清·朱耷《秋花危石图》 泰州市博物馆藏

图4 清·朱耷《荷花翠鸟图》 上海博物馆藏

图5 清·朱耷《枝上鹦鹆图》　　图6 清·朱耷《游鱼图》（局部）

持警觉孤傲的姿态，而他笔下的鱼（图6）肚子很大，满腹郁郁，尾巴呈剪刀形，更像飞鱼。那些孤傲不羁的白眼是它们的共同之处，冷冷地看着光怪陆离的世界。

　　白眼与魏晋时期的名士阮籍有关。据说阮籍"能为青白眼"，遇到自己欣赏的人，便以青眼相看，以示尊重；遇到厌恶的人，便用白眼看人。而八大山人用画中的白眼，替自己向清廷翻了个犀利的白眼。

　　八大山人的画怪异难懂，富商百姓难以理解，没有兴趣，但在文人士子、达官显贵那里极受追捧。但他仍然不肯结交权贵，如果是官员求画，再多的金银也不换。而贫士或穷人请他作画，他大笔一挥，一蹴而就，甚至慷慨赠送，不要画资。

　　清朝的官吏把他关起来，逼他画画，他便疯疯癫癫再次发病，时哭时笑,在厅里便溺,令人无可奈何,只能放他回去。

康熙二十九年(1690年)江西巡抚宋荦请八大山人去府中绘画。宋荦也是擅长绘画的雅士,他最早提出了"香雪海"的美称,也是最早向康熙皇帝进贡名茶"碧螺春"的人。八大山人无法推托,便以宋荦养的两只孔雀为蓝本,画了一幅《孔雀竹石图》(图7),并在上面题诗:"孔雀名花雨竹屏,竹梢强半墨生成。如何了得论三耳,恰是逢春坐二更。"

他用了《孔丛子》里"臧三耳"的典故。赵国平原君的门客公孙龙和孔子的后人孔穿辩论,公孙龙辩称"臧"这个奴才有第三只耳朵,所以能揣摩、探知主人的意思,而清朝官员头上的顶戴恰是孔雀的三眼花翎。而且用"逢春坐二更"讽刺官员每天五更上朝,二更就早早去坐着等候主子。画里的竹子有叶无节,讽刺宋荦变节奉清,奴颜婢膝,逢迎巴结。宋荦只能佯装看不懂,尴尬地放他回去。

之后,八大山人在门上贴上"哑"字,再不肯开口言,如需与人交流就通过手势或者笔写。他还做了个写着"哑"字的扇面,外出

图7 清·朱耷《孔雀竹石图》
北京故宫博物院藏

遇到不愿意搭理的人打招呼，便把"哑"字的一面翻上来。此时他的画中落款为"个相如吃"，借用汉代文学家司马相如有口吃的毛病来表明自己也是口吃难语。也许从他崩溃发疯开始，也许从他看着清廷一天天稳固，而反清复明的星火一天天湮灭开始，他便再也不想说话了，他把自己封存在了过去。

八大山人对待朋友热情真挚。他与北兰寺的澹雪和尚交好，经常往来；他与客居南昌的文人邵长蘅一见如故，在风雨大作的夜晚剪烛而谈，用手势、用笔书写交谈，夜深不倦，后来邵长蘅为他写了《八大山人传》；他与同为明皇室后裔的石涛和尚更是以画相赠，彼此应和，惺惺相惜。可他仍然是孤独的。他喜欢饮酒，却喝不了两杯就醉倒，然后又哭又笑，在自己的世界里独自悲欢。没人目睹过他所经历的血腥残酷，没人经历过他的天地翻转，没人能完全理解他的痛苦和无声的抗争。

晚年的八大山人在南昌城郊盖了一所草房，取名为"寤歌草堂"。那草房低矮阴暗，蓬蒿遮着门户，他在那里种些瓜菜度日。他晚年的画，少了宣泄扭曲，多了禅意的空灵，笔下的动物多了纯真烂漫，气定神闲，恢复了生命之初的本真。他用一生的经历和挣扎，疯癫与释放，封闭与自我，晚年终于完成了在佛门中未能完成的了悟。

康熙四十四年（1705年），八大山人作完最后一幅《竹石鸳鸯图》，在贫苦中走完了跌宕的一生，终年八十岁。如他知道三百年后，这幅画拍卖价上亿元，又该哭之笑之了吧。重金买画的人，有多少不是为了投资，而是真正理解他的呢？

如今，人们将八大山人比作同样疯癫却璀璨的凡·高。天才在左，疯子在右，天才与疯子之间本就一线之隔。疯癫的真相也许是常人追不上天才脚步的幻象。

娑婆众生，向世界翻个白眼的他，终于够到了孤独的不朽月光。

《竹石图》

——一枝一叶,都有骨子里的清香

【文物档案】

图名：《竹石图》
创作年代：清代
材质：纸本
作者：郑燮
规格：纵171厘米，横70厘米

    乾隆十八年（1753年）春，清明时节将至，芳草渐远渐碧，风筝飞舞如雪，六十一岁的郑板桥收拾好行囊，准备回老家扬州。他去年辞去潍县（今山东潍坊）知县之职，在好友、潍县名士郭伟业兄弟的挽留下，又在郭家的南园旧华轩住了半年之久并度过了春节。如今，是时候回去了。

    郭氏兄弟送他到城门，却惊讶地发现，全城的老百姓几乎都聚到了这里，他们挡在路前，掩面痛哭，口中呼喊着"郑青天"，希望郑板桥能留下来。他们家中供奉着他的画像，甚至为他建了生祠，来纪念这位爱民如子的官员。看着黑压压送行的百姓，郑板桥既感动又欣慰，随即提笔作下这幅《竹石图》。

    春日的杨柳泛着新绿的天真，渲染着不悔的初心，他微笑着挥袖作别在春风里。三只毛驴在众人的视线里渐渐远去：一只驮着他的全部家当——一箱书卷和一把阮琴；一只仆从乘坐；还有一只，坐着这个清高倔强的老头郑板桥。

    郑板桥是中国古代书画家中少有的老百姓耳熟能详的一位，也是清代中期书画家中成就最高的一位。

清代中期的绘画，正统派文人画家愈加强调一笔不苟地模仿古人的笔意，要笔笔都有出处。他们大多进入了宫廷"如意馆"等机构，为皇室重臣绘制肖像、起居图。而南方出现了以"扬州八怪"为代表的一批书画家，他们深受清初八大山人、石涛等野逸派画家的影响，反对正统派的泥古不化，强调创新，师法自然，托物言志。他们用泼墨大写意的手法，将平民化的内容绘入画中，关心百姓的疾苦，反映社会的黑暗，在当时的画坛独树一帜，备受推崇、喜爱，并对后世产生了重要的影响。

"扬州八怪"的来由已无证可考，据说是因为正统派不认可他们的艺术风格，故而用"八怪"来形容他们，讽刺他们相貌丑陋，绘画不入流。"扬州八怪"也不仅是八个人，"八怪"具体指谁也有很多说法。按最早的记载，是指汪士慎、郑板桥、高翔、金农、李鱓、黄慎、李方膺、罗聘。

郑板桥是"扬州八怪"中影响力最大的"一怪"，他的诗、书、画号称"三绝"，更是将竹子画到了竹人合一的巅峰。以至于后世提到画竹，第一反应便是郑板桥。郑板桥的竹子继承了徐渭、八大山人和石涛的技法并大胆创新，独创了"简""瘦""挺"的画风。"简"指构图的简洁留白，"瘦"指竹的外形清瘦，"挺"指用笔挺拔坚劲。笔墨挥洒，一气呵成，不施缀笔。竹的形象清雅俊逸却气势磅礴，仿佛有千钧的力量蕴藏在纤瘦的竹枝竹叶中。

这幅《竹石图》具有郑板桥画竹的典型风格，将竹子与石头、兰花结合构图，以竹为主，石、兰为辅。石前有兰，旁有修竹两三株，前后呼应，高低错落，疏密相间。用笔畅达遒劲，用墨浓淡相宜、干湿并举。以简而劲的笔锋勾出山石，并且在褶裥处添加小斧劈皴，增加立体之感。石脚处以焦墨篆书笔法撇出一丛墨兰，兰花以淡墨勾点，与石呼应。而画竹多用中锋笔法勾勒竹竿，在竹节处转锋提笔，挑出小尖，再续一节。竹叶有"人"型、"个"型、"父"型，多为"个"型和"父"型及它们的组合丛状叶，辅以钉头鼠尾，走势向下，清秀挺拔，又错落有致。（图1）同时画面用浓淡的笔墨表达远近的层次：石在远处，用淡墨虚笔；兰在近处，用实笔；三竿竹浓淡相间，远近交互，使得画面层次分明，清劲弹性，灵动饱满。整幅画竹子枝细叶肥、俯仰青翠，坚石嶙峋，兰花秀润，呈现出高雅孤傲、清秀坚挺的韵致。

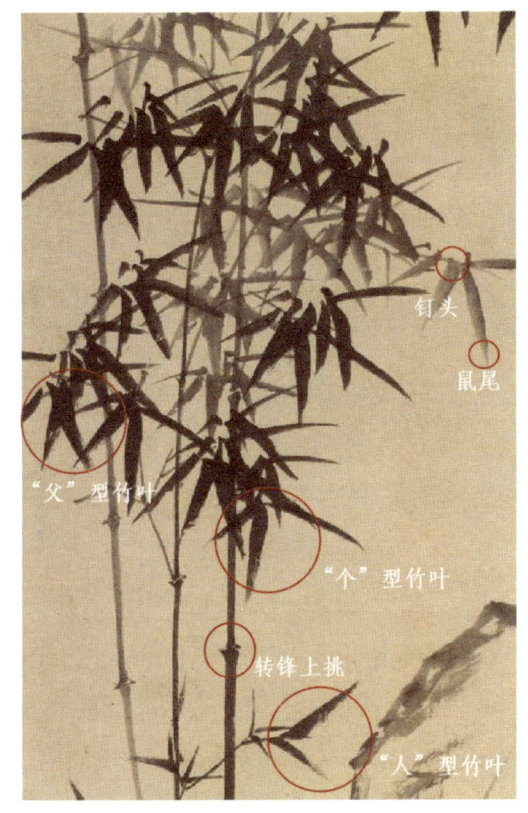

图1 郑板桥画竹节、竹叶的技法

画面右侧，郑板桥用自己独创的"六分半书"题诗一首，他的书法结体独特，在汉隶的基础上掺入行楷，再加入画兰竹的笔法，独创了一种新的书体。隶书由于其波磔又称"八分书"，楷书称

_277

"五分书"，故而郑板桥戏称自己的书体为"六分半书"。这种书体看上去如乱石铺街，但与他画中的兰竹风格统一，形成一种相得益彰的美感。诗云：

乌纱掷去不为官，华发萧萧两袖寒。
写去数枝清挺竹，秋风江上作渔竿。①

抛却了乌纱帽，只余稀疏的白发和两袖清风，不如画几枝清挺竹，在秋天的江上做钓鱼的鱼竿。诗文借竹抒发了他不愿为五斗米折腰的淡泊心态。

文人辞官归隐在历史上并不罕见，但对郑板桥来说，这份淡泊实属不易，毕竟他的官职得来太过艰难。

康熙三十二年（1693年），郑板桥生于江苏兴化城东南郑家巷的一户书香门第。从曾祖父起家里都是读书人，父亲郑之本是廪生②，母亲是兴化名士汪翊文的独生女儿。

父亲给他取名为"燮"，字克柔。燮是"谐和"的意思。《尚书·洪范》中说"燮友柔克"，用柔和的方法协调处世。可惜他刚直孤傲的一生与名字完全相悖。更为人熟知的名字"板桥"则是他的号，因儿时家门前有一座古朴的小木桥得来。

郑家原本是富足之家，有田产佃户。但到郑板桥出生时，家道

---

① 同期，郑板桥作《予告归里，画竹别潍县绅士民》一诗，诗句与之相似，为"乌纱掷去不为官，囊橐萧萧两袖寒。写取一枝清瘦竹，秋风江上作钓竿"。
② 廪生：科举考试成绩名列一等的秀才。

中落,仅靠父亲坐馆教书维持家用,日子贫寒清苦。在破屋中吃糠啜粥,能有个荞麦锅饼,已是最大的美味。

贫穷和死别是郑板桥命运的原色,并伴随了他大半生。三岁的时候,母亲汪氏去世,十四岁时关爱他的继母郝氏也去世了。还好有乳母费氏的疼爱呵护,她不要工钱,一次次踩着吱呀的小木桥过来照顾年幼的板桥,她把仅有的一文钱给他买了一个烧饼,而自己的孩子吃野菜充饥。这份善良成了郑板桥人生的第三抹底色,而那座板桥做了他一生的名号,是他成年后漂泊在外对家的惦念,是记忆里可以咀嚼回味的温柔。

传统的儒学家庭对郑板桥的期望自然是考取功名入仕,修身、齐家、治国、平天下。在父亲的精心栽培下,郑板桥三岁就开始认字。他不是过目不忘的天才,但胜在坚持、刻苦,吃饭睡觉、舟车行走都在读书,每读一篇文章必然是重复千百遍,直到能记诵吃透为止。

康熙五十四年(1715年),二十三岁的郑板桥娶了同乡的徐氏为妻。第二年,他考中了秀才。"朝为田舍郎,暮登天子堂"的理想似乎指日可待,接下来就等乡试中举、会试登科了。然而这一等,就等了十六年。

日子依旧难过,徐氏又生了二女一子。为了养家糊口,郑板桥只好一边备考,一边在真州江村教书,并卖书画贴补家用。三十岁那年,父亲去世。没了父亲廪生的官府补助,家道更加艰难。帐子都是破的,三个孩子没有衣食,饿得号哭。郑板桥在描绘那时生活的诗作《七歌》中写道:"清晨那得饼饵持,诱以贪眠罢早起。"早晨没有吃的,只能让孩子们多睡会儿不敢起床,令人心酸。可是贫穷从未使他羞耻、怯懦，反而给了他洞察民生疾苦的能力和匡时济世的勇气。

生活实在无以为继，第二年，郑板桥决定去扬州卖画谋生，自嘲"托名风雅，实救困贫"。腰缠十万贯，骑鹤下扬州。清代的扬州经济富庶，文化繁荣，文人墨客云集。郑板桥结识了"扬州八怪"中的金农、李鳝、黄慎等人，在友人的资助下一同游历山水，写诗作画。

一群腹有诗书、博学多才的艺术家聚在一起，肆意挥洒着他们的豪情和意气。郑板桥也是其中一员，他谈古论今，臧否人物，狂放不羁。郑板桥爱憎分明，对欣赏的人毫不吝啬赞美，他最爱明代青藤画派徐渭的诗画，刻了一枚"徐青藤门下走狗郑燮"的印章，还觉得不够表达他的敬仰之情。但对于德行有亏的人，他也毫不掩饰地斥责怒骂。他骂迂腐的秀才是孔子的罪人，骂淫乱的和尚是佛祖的罪人，骂迂腐假道学的，骂为富不仁缺德的。这样的性格让他得到了很多朋友，但也成了他后来仕途的绊脚石。

可惜日子的困窘并无改善，扬州的画坛早已人才济济，有李鳝、金农这样名声大振的画家，也有许多后起之秀。郑板桥没什么名气，书画无人问津，他的儿子犉儿也在穷苦中夭折，而祭祀他只能用一碗稀饭。

郑板桥在诗中宣泄着中年丧子的痛苦，但生活还要继续慨歌而行。他开始在画上独辟蹊径，将精力专注在特定的绘画对象上以求突破。他只画兰、竹、石，它们与他不折不屈的性情投合，"四时不谢之兰，百节长青之竹，万古不败之石，千秋不变之人"融为一体。

尤其是画竹,郑板桥几乎把自己融入了竹子的魂魄中做个"竹痴",去揣摩、体味它们的所有风姿,"得于纸窗、粉壁日光、月影中"。他在窗子的南面种上竹子,夏天的时候躺在竹中的榻上,看光影在幽篁里斑驳的韵致;秋冬的时候,他在窗上糊上白纸,看竹影婆娑,再经窗框裁剪,俨然天然的图画。所以他画的竹子千姿百态,有秋晨江边之竹、悬崖峭壁之竹、庭院三三两两的竹、瓦盆稀疏的竹、山中丛丛密密的竹,有江南的春风燕笋、黄竹、瘦竹、水竹、山竹……他画尽了竹子的所有情态,并不断出新。

郑板桥还总结出了他著名的画竹三段论:"眼中之竹——胸中之竹——手中之竹。"从看到竹子清逸俊秀的神态,有了画兴,再到胸中要有"十万竿竹",这需要扎实雄厚的绘画功底,闭上眼也能描绘出千万种竹子的姿态。然后"胸无成竹",下笔时进行再次创作,呈现心中的意象。如此绘制出的竹子,已不仅仅是竹,更有了画者的灵魂。郑板桥笔下的竹清瘦超逸,洒脱舒展,具有桀骜不驯之气,再接以他通俗易懂却含义隽永的题画诗,形成了一枝独秀的书画风格。

买画的人渐渐多了起来。秋日的柿子树上挂了微霜,一位瘦弱的女子前来向他索取一幅楷书。郑板桥欣然答应。妻子徐氏为他研墨准备,他写完后不禁作了一首《闲居》记录当时的闲适心情:"荆妻拭砚磨新墨,弱女持笺索楷书。"

这样安宁的日子没有持续多久,死别的厄运再次降临。

雍正九年(1731年),徐氏去世。她陪着他度过了最落魄艰难的十六年,终究还是没有等到他金榜题名的那天。

第二年,四十岁的郑板桥在南京江南贡院参加乡试,中了举人。之后,他声名鹊起,从待价而沽到不断有人向他求画。两年后郑板桥续娶了妻子郭氏。雍正十三年(1735年),偶然撞见一户人家的对联恰是他的诗作,因而结识了选用对联的饶五姑娘。十七岁的饶五姑娘不介意他年长貌丑,满心倾慕他的才华,甘愿做郑板桥的妾室,与他定了亲。

乾隆元年(1736年),四十四岁的郑板桥进京参加会试,终于中了进士。这条科举之路他走得实在太坎坷,历经了二十年,横跨康、雍、乾三朝。郑板桥刻下了一方图章"康熙秀才雍正举人乾隆进士"揶揄自己,也纪念自己的坚持。

然而这还不是坎坷的终点。官职少、进士多,郑板桥只能在京城待了一年,候补等待授职。之后他回到扬州娶饶五为妻,但候补官缺一事,仍无消息,直到四年后他因画结交了乾隆的叔叔慎郡王允僖,才在乾隆七年(1742年)得到了山东范县知县的官职。

知县虽然只是七品芝麻官,却也手握实权,如果贪婪也可以捞到"三年县太爷,十万雪花银"的实惠。此时的郑板桥已经五十岁,半生贫苦,如果他想补偿自己,捞点油水轻而易举,可他没有。他早已与笔下的竹子化为一体,虽清瘦贫瘠,却甘于贫穷,铮铮有节。

郑板桥恪守家学的训诫、儒家的教导,雄心勃勃地准备上报朝廷,下安黎庶,做一个老百姓的父母官,实现安民济世的情怀。

范县是个交通闭塞、贫瘠落后的弹丸之地,连县衙都是瓦草相间。郑板桥安之若素,施展作为。白天,他走到田间地头,赤脚踩在田埂上,询问桑麻农事。晚上,他走到街坊集市,探访民间疾苦。当时的县令出巡大多坐着轿子,有衙吏鸣锣开道,打着"回避"与"肃静"的牌子,但郑板桥仅令一人提着写有"板桥"二字的灯笼引路,避免打扰百姓休息。有人说他这么做不合规矩,也不合时宜,他却毫不在意。自郑板桥到任后,范县连续丰年。

然而郑板桥的政绩并没有为他带来任何升迁机会。清朝的捐纳制度让卖官鬻爵成了合法的勾当,花钱买官的人做了官自然会加倍盘剥百姓,连本带利地收回来,导致清朝的政治生态腐败成风。郑板桥渐渐看清了官场黑暗的真相,他的苦干实干抵不过虚抬政绩,逢迎谄媚。他有些灰心,偶尔也作诗发发牢骚:"一阶未进真藏拙,只字无求幸免嫌。"但是他仍不会弯屈傲骨,迎合时局,始终坚持着自己勤政爱民、疾恶如仇的本心。

四年之后,乾隆十一年(1746年),郑板桥从范县调任潍县,开始了"七载春风在潍县"的生涯。潍县临渤海,是个富裕之县,有"小苏州"之称。可是在郑板桥到任时,遇到连年灾荒,到了人吃人的地步。郑板桥决定开仓放粮。下属都劝他等呈文批下来,以免被朝廷怪罪。郑板桥说:"如今都什么时候了?等到层层批下来,百姓早就饿死了。如果朝廷责罚,我一个人承担。"于是开仓把粮食先借给老百姓活命,同时向朝廷据实禀报灾情,请求赈济。

城中的富商豪绅枉顾百姓性命,借机哄抬粮价,郑板桥勒令他们平价卖粮,并让他们用囤积的粮食开厂煮粥,救济灾民。同时采用"以工代赈"的方式,命豪绅大贾捐钱捐粮重修城墙,以防水灾,保障安全,然后招徕灾民做工换取银钱粮食,一举两得。

郑板桥自己带头捐了三百六十千钱,其他豪绅也陆续捐款捐谷。传说,首富安仪泰借口家中人多开支大,不肯捐钱,郑板桥称自己都打算卖画筹款了。彼时郑板桥的书画已是一纸难求,十分珍贵,安仪泰忙说愿意购买,并同意了郑板桥十两银子一尺的价格。第二天,郑板桥在城楼挥笔画了一幅200尺长的小孩放风筝图。小孩和风筝并不大,但风筝线就足足197尺。安仪泰只好认亏,将2000两银子给了郑板桥赈灾。

在郑板桥得力的抗灾措施下,数以万计的灾民活了下来,度过了灾年。

郑板桥把生命中"温柔"的原色,全都给了老百姓。正如他自己诗里写的:"衙斋卧听萧萧竹,疑是民间疾苦声。些小吾曹州县吏,一枝一叶总关情。"

知县的俸禄加上绘画的润笔费已是可观的收入,足够改善郑板桥和家人的生活,可他仍然一贫如洗。他节衣缩食替穷苦的农民缴纳赋税,如果遇到歉收的年份,就把借条烧掉,并且把自己的"养廉银"捐献出来,补足穷人买粮食的差价。

他关爱贫苦的孩子,帮他们买书本,遇到雨天带他们回衙署吃饭。一次夜间出去访查,郑板桥在破败的茅屋外听到朗朗的读书声,于是他资助了那个贫困却爱读书的少年韩梦周。桃李不言,下自成蹊。韩梦周长大后成了如郑板桥一样的清廉县令,并成为一代著名学者。

郑板桥成了官场的一股清流,他的知县做得像个侠客一般扶危济困,劫富济贫,甚至挑战世俗。民间流传着许多关于他的传说:"一笔成字",借权贵讨要字画之机将"一"字卖了高价救济穷人;"巧断教馆案",帮贫弱的老教师向赖账的主人讨要工钱;"茨菇案",帮助贩卖茨菇的农民打击压价的商霸;处罚侵占民田的地方恶霸黄太梁……他写下著名的"难得糊涂"的牌匾,他对小事糊涂，对自己的事糊涂，但对关系百姓利益的事从来机敏过人，绝不糊涂。老百姓亲切地称他"郑青天"。

郑板桥对贪官污吏、恶霸豪绅、奸商腐儒毫不留情，打击叱责，即便是他的上级。一个外号叫"三拐子"的贪婪钦差巡查到潍县后，派人给郑板桥送了一百两银子的大礼盒。按照当时官场上的惯例，上级官员给下级官员送礼，下级官员必须"收一还十"，郑板桥要还他一千两银子。可是等他收到郑板桥的回礼，打开一看，只有十个又白又干净的大萝卜，礼盒里还放着郑板桥亲笔书写的一首诗："东北人参凤阳梨，难及潍县萝卜皮。今日厚礼送钦差，能驱魔道兼顺气。"钦差被气得够呛。

还有一次郑板桥去济南公干，上司请他赴宴，观赏"天下第一泉"趵突泉，并要他作诗。郑板桥随即吟道："原原本本岂徒然，静里观澜感逝川。流到海边浑是卤，更难人辨识清泉。"讽刺贪官污吏浑浊不堪，令上司尴尬至极。有人劝他不要这么耿直，郑板桥却说："有酒不喝，有话不说，和坟墓里的死人有什么区别？"

郑板桥的做派，将上司、同僚、权贵、富商得罪殆尽。乾隆十七年（1752年），有人以赈灾不当、贪赃枉法弹劾他。这对廉洁正直的郑板桥来说格外侮辱，多年对官场黑暗的忧愤和失望累积到顶点，他愤而辞官。

烟花三月，似水流年，郑板桥又回到了扬州。一切如故，二十年前的旧板桥如故，"扬州八怪"好友畅怀论谈如故，而一身傲骨、宁折不弯的郑板桥也如故。他在好友李鱓的别墅浮沤馆边建了一处小院住下，因门前有几丛绿竹，命名"拥绿园"。

郑板桥继续扬州卖画的生涯。经历官场的一番捶打，他愈发不加伪饰，成了中国给自己的书画明码标价的第一人："大幅六两，中幅四两，小幅二两，书条对联一两，扇子斗方五钱，凡送礼物食物，不如白银为妙，盖公之所赠未必弟之所好也。"即便价格不菲，依然求画者如云。

可他依然拮据。一则他作画挑剔，不为不仁不义的人画，不画指定的题材，不画虚妄的题材，以至于顾客被刷下去一大半；再则他仗义疏财，他随时带着一个装着银钱果品的大袋子，遇到穷苦的乡邻就接济一二。于是他的日子仍旧过得窘迫，以至于他的小女儿出嫁都无钱置办妆奁，只有一幅兰竹图轴作为陪嫁。

老年的郑板桥，画竹愈发苍劲有力，删繁就简，寥寥几笔，全是竹魂。他的另一幅《竹石图》（图2）的题诗写就了他的一生，也在今天家喻户晓："咬定青山不放松，立根原在乱岩中。

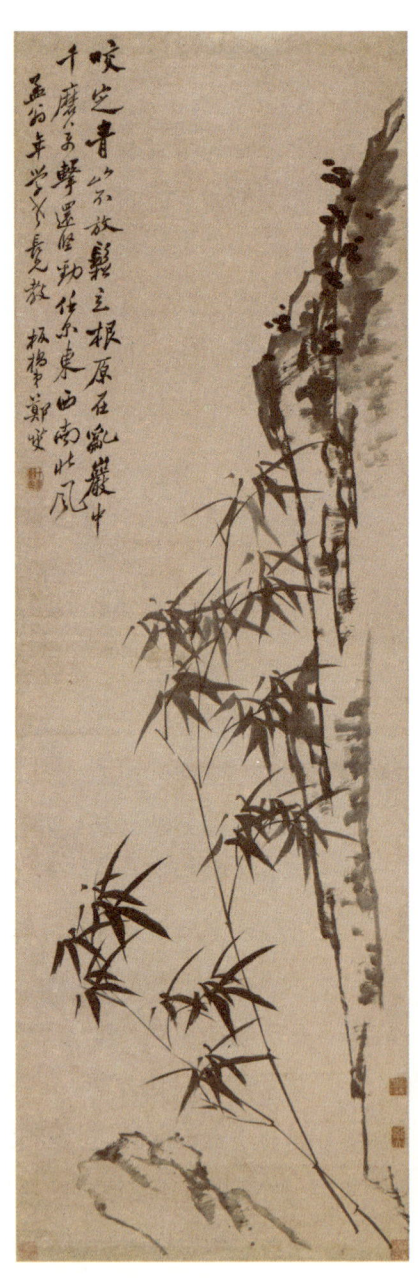

图2　清·郑板桥《竹石图》

千磨万击还坚劲,任尔东西南北风。"

乾隆三十年十二月十二日(1766年1月22日),郑板桥病逝于拥绿园。他的坟前,仍有一垄苍翠的竹子为伴。

他是竹,竹是他。他以竹为骨,在泥泞的世道里给百姓撑起了一把温暖的伞;竹以他为骨,有了他,那一枝一叶都是墨香、竹香、纯真仁爱的灵魂之香。

这便是中国人的艺术吧,它们是一幅幅精妙的书画,穿越浮光掠影的历史烟尘,仍以或雄浑或婉约的绝美震慑心魄;它们也是一个个曲折的故事,任时光红衰翠减,岁月关河冷落,仍细诉着当年的汗青秘事和文人清欢;它们更是一个个不屈的灵魂,用力而生动地活过,经滚滚光阴洗礼,代代文明传承,渐渐成为民族的魂魄。

参考文献

[1] 丁婧."二十四友"考述——兼从《为贾谧作赠陆机十一章》看潘岳和陆机的关系[J].湖南人文科技学院学报,2015,6:97-101.

[2] [梁]钟嵘.诗品译注[M].周振甫,译注.北京:中华书局,1998.

[3] 傅鹏飞.《平复帖》书法艺术风格研究[J].科技风,2018,20:232.

[4] 辛一鸣.《平复帖》艺术风格探析[J].美与时代:美术学刊(中),2015,3:137-138.

[5] 启功.启功丛稿·论文卷[M].北京:中华书局,1999.

[6] 孙刚.华亭鹤唳的绝响——解析陆机的悲剧人生[J].宜宾学院学报,2011,8:29-31.

[7] 蒋勋.蒋勋说帖《平复帖》种种(之三)[J].紫禁城,2011,2:80-83.

[8] 吴鹏.历史上真实的"鹤唳华亭":陆机之死与西晋的灭亡[J].廉政瞭望,2020,1:124-125.

[9] 李晓风.陆机与二十四友[J].河南社会科学,2007,4:112-113.

[10] 周海平.论陆机的悲剧人格[J].商丘师范学院学报,2008,1:42-44.

[11] 郭廉夫.王羲之评传作[M].南京:南京大学出版社,1996.

[12] 刘占召.东晋门阀政局的变迁与王羲之的仕宦抉择[J].东南大学学报:哲学社会科学版,2013,6:70-74.

[13] 李慧.遒媚劲健——王羲之《兰亭序》的美学特征[J].丝路视野,2019,7:124-126.

[14] 蒋勋.卫夫人的三堂书法课[J].国学,2012,3:56-57.

[15] 刘雪.王羲之《兰亭序》赏析[J].美术教育研究,2012,13:20.

[16] 王玉池.王羲之生平事略和书法艺术[J].中国民族博览,2021,5:30-35.

[17] 刘星.王献之年谱[J].临沂师专学报:社会科学版,1991,4:73-88.

[18] 何铁山.王羲之、王献之书法刍议——兼论《兰亭》书法艺术[J].浙江工贸职业技术学院学报,2012,12(1):65-68.

[19] 田熹晶.王献之婚姻考轶[J].书法,2012,9:109-114.

[20] 吴克敬.十八缸水墨书风流——王献之书法故事[J].紫禁城,2009,3:108-111.

[21] 朱红霞,潘丽婷.桃渡怀古:历代桃叶渡诗研究[J].宁夏师范学院学报,2021,42(8):9-13

[22] 王景芬.情驰神纵 风行雨散——论王献之的书法艺术[J].书画艺术,1994,2:4-8.

[23] 郭晔旻.曹丕、曹植的夺嫡大战 杨修之死与立嗣之争[J].国家人文历史,2021,17:100-107.

[24] 曹俊兰.论顾恺之《洛神赋图》的独特艺术特色[J].美与时代：美术学刊（中），2021，6：58-59.

[25] 邱瑜玉.顾恺之与高古游丝描的风格研究[J].鄂州大学学报，2016，1：46-47，68.

[26] 王晓鸣.感洛灵——浅析顾恺之及其《洛神赋图》[J].文物鉴定与鉴赏，2018，6：28-29.

[27] 宁宇.《步辇图》绘画中的唐蕃和亲史[J].国家人文历史，2017，4：40-45.

[28] 汪亓.阎立本与《步辇图》[J].紫禁城，2007，6：40-41.

[29] 褚琪.叙述性绘画在唐代的发展——以阎立本绘画为例[J].书画世界，2021，8：80-81.

[30] 洪再新.中国美术史[M].杭州：中国美术学院出版社，2000：135-138.

[31] 毛予菲.《步辇图》，穿越千年的历史接见[J].环球人物，2018，6：95-97.

[32] 杨涛.《虢国夫人游春图》的构图及政治寓意[J].兰台世界，2016，14：159-160.

[33] 孙津.《虢国夫人游春图》中人物性格及其特点探究[J].美术教育研究，2020，1：28-29.

[34] 王娟.错绘·讽谏·理想——张萱《虢国夫人游春图》的图像研究[J].社会科学家，2017，8：157-160.

[35] 张松.《虢国夫人游春图》里的"历史玄机"[J].今日辽宁，2019，5：52-54.

[36] 孙超.《祭侄文稿》的"无意"与"注思"刍议[J].书画世

界,2021,11:63-64.

[37] 尤晓蕊.《祭侄文稿》的书法艺术探究[J].美与时代:美术学刊(中),2017,12:70-71.

[38] 麦子.台北故宫寻宝之《祭侄文稿》行草祭侄 字字血泪[J].今日民航,2012,5:92-95.

[39] 赵怀德.杜牧生平评述[J].陕西师范大学学报:哲学社会科学版,1981,2:109-116.

[40] 方坚铭.处在牛李党争之中的杜牧:自边缘层突入紧密层[J].江西社会科学,2005,6:89-92.

[41] 孙大军.以诗言志,以书呈性——论杜牧的《张好好诗并序》[J].淮南师范学院学报,2007,4:22-24.

[42] 何韵潇.《韩熙载夜宴图》主人公考略[J].江苏教育学院学报:社会科学版,2014,7:116-123.

[43] 郭晔旻.《韩熙载夜宴图》间谍窥伺成就不朽杰作[J].国家人文历史,2017,4:60-67.

[44] 王芳芳.《韩熙载夜宴图》的位置经略[J].美术大观,2009,6:17.

[45] 柯立红.传神写意——从《韩熙载夜宴图》探看顾闳中人物画风格[J].美与时代:美术学刊(中),2017,9:31-35.

[46] 中央美术学院美术史系中国美术史教研室.中国美术简史(新修订本)[M].北京:中国青年出版社,2010.

[47] 马得瑜.苏轼《寒食诗帖》的文化意蕴及艺术价值[J].甘肃广播电视大学学报,2017,6:48-52.

[48] 王康靖.《寒食帖》书法艺术赏析[J].美与时代:美术学刊

（中），2019,12：69-70.

[49] 余秋雨等.苏东坡突围 草木春秋[M].北京：人民文学出版社，2017.

[50] 张英."如梦"与"归心"深处的旷达——谈苏东坡贬谪词[J].乐山师范学院学报，2011,3：1-5.

[51] 张邦炜.宋徽宗角色错位的来由[J].四川师范大学学报：社会科学版,2002,1：90-96.

[52] 张光福.宋徽宗时期的皇家绘画学院[J].南京艺术学院学报：音乐与表演,1980,2：97-99.

[53] 杨溢江,张馨匀.浅析文人皇帝宋徽宗的艺术成就[J].美术教育研究,2016,7：15.

[54] 郑午昌.中国画学全史[M].上海：上海古籍出版社,2008.

[55] 刘伟冬.群鹤飞舞 朝兮暮兮——《瑞鹤图》有关问题的阐释[J].南京艺术学院学报：美术与设计,2004,1：112-113.

[56] 薛吉辰.宋徽宗与宋代画院诗[J].语文知识,2005,10：5.

[57] 李冬君.宋徽宗：用文艺复兴照亮中国[J].国家人文历史,2016,2：96-97.

[58] 桑农.《千里江山图》中的历史密码[J].黄金时代：上半月,2019,8：68-70.

[59] 马誉榕.独步千载 众星孤月——对王希孟《千里江山图》的探究[J].艺术研究：哈尔滨师范大学艺术学报,2021,3：16-17.

[60] 余辉.希孟姓氏和早卒案蠡测——谨以此篇纪念杨新先生[J].故宫博物院院刊,2020,6：4-15.

[61] 李顺平.王希孟青绿山水画的艺术特点研究[J].哈尔滨学院学报,2021,2：118-121.

[62] 黄金生.《清明上河图》国宝的传奇身世和历史密码[J].国家人文历史,2017,4：68-75.

[63] 叶康宁.《清明上河图》的故事[J].中国书画,2014,9：114-117.

[64] 杨晨曦.《清明上河图》赏析报告[J].美与时代：美术学刊（中）,2020,10：20-21.

[65] 仝留洋.《清明上河图》中的北宋酒业[J].文史杂志,2021,6：98-102.

[66] 徐邦达.清明上河图的初步研究[J].故宫博物院院刊,1958,1：36.

[67] 张荣生,张永祥.天下第一奇画《清明上河图》[J].大庆师范学院学报,2018,3：77-82.

[68] 余辉.北宋张择端《清明上河图》揭秘[J].紫禁城,2013,4：82-103.

[69] [宋]孟元老.东京梦华录[M].侯印国译.西安：三秦出版社,2021.

[70] 邓淑兰.关于赵孟頫生平几个问题的考论[J].船山学刊,2007,3：95-98.

[71] 赵华.赵孟頫管道昇婚年考辨[J].书法,2015,10：46-53.

[72] 赵维江,张沫.论赵孟頫仕元的心态历程[J].西北师大学报：社会科学版,2004,1：60-64.

[73] 王瑞来,白路.管道升的世界——个案解析：诗情画意中凸显

的社会性别[J].中华女子学院学报,2011,4:100-106.

[74] 孙晓飞,丁启阵.赵孟頫:半生情缘为道升[J].人民周刊,2018,9:72-73.

[75] 四月.《富春山居图》旷世传奇600年[J].今日民航,2010,11:108-109.

[76] 胡晓明.从严子陵到黄公望:富春江的文化意象——《富春山居图》的前传及其展开[J].华东师范大学学报:哲学社会科学版,2016,4:15-28.

[77] 焦晓杰.《富春山居图》艺术创作特色探析[J].艺术评鉴,2021,7:41-43.

[78] 王静灵.画中风水:阅读黄公望《富春山居图》[J].紫禁城,2012,2:88-89.

[79] 付博.黄公望《富春山居图》长卷式构图特点浅析[J].美术大观,2015,4:43.

[80] 魏子怡.唐寅工笔仕女画绘画语言解析——以《王蜀宫妓图》为例[J].美术教育研究,2020,3:12-13.

[81] 杨继辉.唐寅科场案详考[J].苏州教育学院学报,2007,2:30-33.

[82] 谢丹.唐寅狂放人格及其文学创作论析[J].伊犁师范学院学报:社会科学版,2010,1:82-84.

[83] 王宗英,陈佳.唐寅卖画生涯与画风[J].剧影月报,2003,5:17-18.

[84] 杨天琪.中国文人画的审美特征赏析——以八大山人《孤禽图》为例[J].美术教育研究,2020,12:17-18.

[85] 姚亚平.从《个山小像》看八大山人的身世[J].地方文化研究，2021，2：14-20.

[86] 路来森.八大山人的"鱼"和"鸟"[J].山东教育，2021，45：59.

[87] 俞兆鹏.八大山人的生平与艺术[J].江西社会科学，1982，5：105-109.

[88] 郝燕，伊华丰.八大山人绘画艺术风格演变刍议[J].美术大观，2015，11：44-45.

[89] 姚亚平.八大山人真名为"朱耷"吗：宗室家世对八大山人的影响[J].文化艺术研究，2021，5：85-91，115.

[90] 杨飞飞.墨点无多泪点多：八大山人花鸟画中的遗民思想[J].艺术探索，2015，6：99-107.

[91] 邓景增."债负"与"清偿"：郑板桥的书画应酬[J].中国书画，2021，3：22-27.

[92] 韩郑.谈郑板桥的"怪"与"美"[J].河南大学学报：社会科学版，1985，5：144-146.

[93] 王同书.郑板桥的"绝"和"怪"[J].江苏社会科学，1996，3：123-127.

[94] 黄俶成.郑板桥的晚年生活及身后事[J].南京师大学报：社会科学版，1984，4：73-77.

[95] 高宝庆.郑板桥在山东[J].东岳论丛，1982，3：97-101.

[96] 李爽.郑板桥自嘲的心理探赜[J].扬州教育学院学报，2021，4：30-34.

[97] 郑板桥年表.清官板桥 三绝传世——郑板桥专题展.